BALLETS
ET
OPERA.

BALLETS, OPERA,
ET AUTRES
OUVRAGES LYRIQUES,
PAR ORDRE CHRONOLOGIQUE
DEPUIS LEUR ORIGINE;
AVEC
UNE TABLE ALPHABETIQUE
DES
OUVRAGES ET DES AUTEURS.

A PARIS, *Quai des Augustins,*
Chez Cl. J. Baptiste Bauche, Libraire, à l'Image
Sainte Genevieve & à St Jean dans le desert.

M. DCC. LX.
AVEC APPROBATION ET PRIVILEGE DU ROI.

AVERTISSEMENT.

JE n'avois d'abord pour objet que de donner un Catalogue exact de tous les Opera qui ont paru sur notre Théâtre. Je me suis flatté que le Public y verroit joindre avec plaisir celui des Ballets tant anciens que modernes, dans plusieurs desquels nos Rois ont dansé avec toute leur Cour. Je n'assurerai pas, comme pour les Opera, qu'il n'y en a aucun d'omis, n'ayant voulu rendre compte, que de ceux dont je connois l'existence, & desquels je veux parler avec certitude. Voici l'ordre que j'ai donné à cet ouvrage.

Je commence par la Liste chronologique des Poëtes qui ont travaillé dans le genre Lyrique. Le premier ouvrage qu'ils ont donné au Public, détermine leur époque. Je donne ensuite l'état de ceux qu'ils ont, depuis, composé dans le même genre ; & à côté de chacun, l'on trouvera l'année où il a été représenté pour la premiere fois. Par ce moyen, lorsqu'on desirera sçavoir quel est l'Auteur de la Musique de l'Opera qu'on a sous les yeux, ou si cet Opera a été redonné au Théâtre, on le trouvera avec la plus grande facilité. EXEMPLE. Lisant l'article de Quinault, vous vous arrêtez à Phaëton, à côté duquel vous voyez 1683. *Cherchez* dans le Catalogue des ouvrages Lyriques, l'année 1683. vous y trouverez Phaëton & tout ce qui concerne cet Opera.

Je suis le même ordre pour les Auteurs Musiciens, & l'on se servira de la même méthode.

J'établis ensuite trois divisions pour tous les ouvrages Lyriques.

La premiere, pour ceux auxquels je n'ai pû trouver de date certaine.

AVERTISSEMENT.

La deuxieme, depuis la premiere production que j'ai pû découvrir qui ait quelque rapport avec le genre Lyrique, c'eſt-à-dire, depuis 1548. juſqu'en 1673. que Quinault & Lully donnerent Cadmus, que l'on peut regarder comme l'ouvrage qui a fixé le goût de la Nation en ce genre, & comme le modele de celui que nous avons adopté.

La troiſieme, depuis Cadmus, c'eſt-à-dire, depuis 1673. juſqu'à préſent.

Je finis par une Table alphabétique, où je rappelle non-ſeulement les Poëtes, les Auteurs muſiciens & les pieces; mais auſſi toutes les différentes entrées qui compoſoient autrefois les anciens Ballets, & les Actes différens qui compoſent actuellement ceux de nos jours. J'eſpere que cette Table ſera de quelque utilité. On peut ſe rappeller le titre d'un Acte qui a plû, ſans ſe reſſouvenir de celui du Ballet dans lequel il étoit. Elle ſervira à le faire trouver avec la plus grande facilité.

Pour lever une difficulté qui pourroit embarraſſer le Lecteur, je crois devoir l'avertir de la raiſon pour laquelle il trouvera ſouvent, lorſque je nomme un Auteur dans la Liſte chronologique des Poëtes, le même dont on a parlé au Théâtre françois, &c. c'eſt que je comptois faire imprimer l'ouvrage qui concerne ce Théâtre avant celui-ci; mais des raiſons particulieres m'ont engagé à commencer par celui qui a rapport à l'Opera.

TABLE
ALPHABÉTIQUE DES ABREVIATIONS.

Anon.	Anonyme.
Bal.	Ballet.
Bal. hér.	Ballet héroïque.
Bal. pant.	Ballet pantomime.
Com.	Comédie.
Com. bal.	Comédie ballet.
Com. op.	Comédie opera.
Desc.	Description.
Div.	Divertissement.
Div. com.	Divertissement comique.
Dram.	Dramatique.
Eg.	Eglogue.
Ent.	Entrée.
Exp.	Explication.
Ibid.	Même page.
Id.	Idille.
Int.	Intitulée.
Intm.	Intermède.
M.	Musicien.
Masc.	Mascarade.
Mss.	Manuscrit.
Op.	Opera.
P.	Poëte.
Past.	Pastorale.
Past. com.	Pastorale comique.
Past. hér.	Pastorale héroïque.
Past. ital.	Pastorale italiene.
Past. op.	Pastorale opera.
Prol.	Prologue.
Rep.	Représenté, représentant.
Trag.	Tragédie.
Trag. com.	Tragi-comédie.
Trag. com. bal.	Tragi-comédie ballet.
Trag. com. op.	Tragi-comédie opera.
Trag. op.	Tragédie opera.
V.	*Voyez.*

APPROBATION.

J'AI lû par ordre de Monseigneur le Chancelier, un Manuscrit intitulé : *Ballets & Opera depuis leur origine* ; & je n'y ai rien trouvé qui ne doive en favoriser l'impression. A Versailles, le trois Décembre mil sept cent cinquante-neuf.

DE MONCRIF.

CATALOGUE

CATALOGUE
PAR ORDRE CHRONOLOGIQUE
DES POËTES,
Qui ont composé dans le genre Lyrique.

ODELLE, (Etienne) Parisien, le même dont on a parlé au Théâtre François sous l'année 1552.

Voyez Recueil des Inscriptions, Figures & Mascarades, ordonnées en l'Hôtel de Ville, 1558.

RONSARD, regardé comme le pere de la Poésie Françoise.
Voyez Chant Pastoral, 1559.

BELLAY, (Joachim du)
Voyez Entreprise du Roi Dauphin, 1559.
Entreprise de M. de Lorraine, 1559.

BEAUJOYEUX, (Balthazard de)
Voyez Ballet comique de la Reine, 1582.

MALHERBE, (le fameux Poëte)
Voyez Récit d'un Berger, sur les alliances de France & d'Espagne, 1595.

ALLARD, (Marcellin)
Voyez Ballet en langage Forêsien.

COURBES, (c. de)
Voyez Le Ballet d'Amour, 1613.
La Nymphe de Seine. *Id.*
La douce captivité. *Id.*

DURAND.
Voyez Description du Ballet de Madame, 1615.

GAREL, (Elie)
Voyez Les Oracles François.

P.. B.. S.. D.. V..
Voyez Recueil de Ballets, 1615.

BORDIER, Compositeur des Ballets du Roi.
Voyez Vers pour le Ballet du Roi, représentant la Furie de Roland, 1618.
Vers pour le Ballet du Roi, représentant les Adventures de Tancrède, 1619.
Ballet de M. le Prince, 1620.
Grand Ballet de la Reine, représentant le Soleil, 1621.
Vers pour le Ballet du Roi, représentant les Bacchanales, 1623.
Vers pour le Ballet des Voleurs, 1624.
Les Fées des Forêts de S. Germain, 1625.
Grand Bal de la Douairiere de Billebahaut, 1626.
Le Sérieux & le Grotesque, 1627.
Le Ballet des Triomphes, 1635.
Vers pour le Ballet du Roi, représentant les Comédiens Italiens, (vers 1636.)

HEDELIN, (François) connu sous le

nom de l'Abbé d'Aubignac, le même dont on a parlé au Théâtre François, sous l'année 1642.

Voyez Vers pour le Ballet de la Reine, représentant la Beauté & ses Nymphes, 1618.

Ballet du Triomphe de la Beauté, 1640.

GRAMONT. (Scipion de)

Voyez Le Discours du Ballet de la Reine, tiré de la Fable de Psiché, 1619.

Relation du Grand Ballet du Roi, 1619.

BOISROBERT, (François le Metel, Sieur de) le même dont on a parlé au Théâtre François, sous l'année 1633.

Voyez Le Grand Ballet de la Reine, ou les Fêtes de Junon la Nopciere, 1623.

Les Nymphes Bocageres de la Forêt Sacrée, 1627.

ESTOILLE, (Claude de l') le même dont on a parlé au Théâtre François, sous l'année 1643.

Voyez Le Ballet du Naufrage Heureux, 1626.

Vers sur le Sujet du Ballet du Roi, 1627. (*C'est sur le Ballet du Sérieux & du Grotesque.*)

Vers pour M. le Marquis de Poyanne, représentant un Rouge-&-Bontemps, 1627.

Vers pour M. le Marquis de Coaslin, représentant un Matelot, 1627.

TRISTAN, (François) l'Hermite, le même dont on a parlé au Théâtre François, sous l'année 1637.

Voyez Vers du Ballet de Monsieur 1626.

HUMBERT. (Henri)
Voyez Combat à la Barriere, 1627.

SIGOGNES, Poëte connu par ses vers libres.
Voyez le Ballet des Quolibets, 1627.

COLLETET, (Guillaume) le même dont on a parlé au Théâtre François, sous l'année 1635.
Voyez Le Grand Ballet des Effets de la Nature, 1632. Le Ballet des Cinq Sens de Nature, 1633.

GRANDPRÉ, (César de)
Voyez Ballet du grand Demogorgon, 1633.

DOLET.
Voyez Vers du Ballet du Mail de l'Arsenal, 1638.

DESMARETS, (Jean) le même dont on a parlé au Théâtre François sous l'année 1636.
Voyez La Comédie jouée devant la Reine, 1639.

BERTHAULD, frere de M^de de Motteville, le même dont on a parlé au Théâtre François sous l'année 1654.
Voyez Ballet du Déréglement des passions.

CARIGNI.
Voyez Le grand Ballet ou le branle de sortie, dansé sur le Théâtre de la France, par le Cardinal Mazarin, 1649.
Ballet ridicule des Nieces de Mazarin, 1649.
Ballet dansé devant le Roi & la Reine Régente, par le Trio Mazarinique, 1649.

LYRIQUES.

ASSOUCI, (Charles Coypeau, Sieur d') né à Paris en 1604, mort en 1679.
Voyez Les Amours d'Apollon & de Daphné, 1650.

BENSERADE, (Isaac de) de l'Académie Françoise, né en Normandie en 1612, mort en 1691, le même dont on a parlé au Théâtre François, sous l'année 1636.

Voyez Mascarade en forme de Ballet, 1651.
Ballet royal de la nuit, 1653.
Ballet des Proverbes, 1654.
Les noces de Pelée & de Thetis, 1654.
Ballet du Tems, 1654.
Le grand Ballet des Bienvenus, 1655.
Ballet des Plaisirs, 1655.
Ballet de Psiché, 1656.
L'Amour malade, 1657.
Ballet royal d'Alcidiane, 1658.
Ballet de la Raillerie, 1659.
Ballet de la revente des Habits, 1661.
Ballet royal de l'Impatience, 1661.
Ballet des Saisons, 1661.
Ballet royal d'Hercule amoureux, 1662.
Ballet des nôces de Village, 1663.
Ballet des Arts, 1663.
Les Amours déguisés, 1664.
Les plaisirs de l'Isle enchantée, 1664.
Ballet royal de la naissance de Venus, 1665.
Ballet des Muses, 1666.
Le Carnaval, 1668.
Ballet royal de Flore, 1669.
Ballet royal du Triomphe de l'Amour, 1681.

BOURNEUF.
Voyez Le Ballet des Couleurs, 1657.

PERRIN (Pierre)
Voyez Premiere Comédie Françoise, 1659.
Paroles de Musique, 1667.
Pomone, 1671.

EVREMONT, (Charles de Saint-Denys, Sieur de Saint) né à Saint Denys, près de Coutances le premier Avril 1613. mort à Londres le 20 Septembre 1703. le même dont on a parlé au Théâtre François, sous l'année 1643.

Voyez Idille en Musique, 1660.
Les Nôces d'Isabelle, *idem*.
Prologue en Musique, *idem*.

CAMILLE.

Voyez Hercule amoureux, 1662.

R. D. Y.

Voyez Les Empressemens du Parnasse, 1663.

MOLIERE, (Jean-Baptiste Poquelin de) le même dont on a parlé au Théâtre François, sous l'année 1658.

Voyez Le Mariage forcé (les Intermèdes). 1664.
Le Grand Divertissement Royal de Versailles, 1668. (ce sont les Intermèdes de Georges Dandin.)
La Princesse d'Elide, 1669. (les Intermèdes.)
Le Divertissement Royal, 1670. (ce sont les Intermèdes des Amans magnifiques.)
Le Bourgeois Gentilhomme, 1670. (les Intermèdes.)
Le Malade Imaginaire, 1673. (les Intermèdes.)

BOYER, (Claude) né en 1618. mort en 1698. le même dont on a parlé au Théâtre François, sous l'année 1646.

Voyez Dessein de la Tragédie des Amours de Jupiter & de Sémélé, 1666.

LYRIQUES.

QUINAULT, (Philipe) Auditeur de la Chambre des Comptes, né à Paris en 1635. mort le 26 Novembre 1688. le même dont on a parlé au Théâtre François, sous l'année 1654.

Voyez La Grotte de Versailles, 1668.
Les Intermèdes de Psiché, 1671.
Les Fêtes de l'Amour & de Bacchus, 1672.
Cadmus, 1673.
Alceste, 1674.
Thesée, 1675.
Atis, 1676.
Isis, 1677.
Proserpine, 1680.
Le Triomphe de l'Amour, 1681.
Persée, 1682.
Phaéton, 1683.
Amadis de Gaule, 1684.
Roland, 1685.
Le Temple de la Paix, 1685.
Armide, 1686.
Divertissement tiré des Fêtes de l'Amour, 1738.

FELIBIEN, (André) Sieur des Avaux.

Voyez Relation de la Fête de Versailles, 1668.
Les Divertissemens de Versailles, 1674.

GILBERT, (Gabriel) le même dont on a parlé au Théâtre François, sous l'année 1641.
Voyez Les Peines & les Plaisirs de l'Amour, 1672.

CORNEILLE, (Thomas) le même dont on a parlé au Théâtre François, sous l'année 1647.

Voyez Circé, 1675.
Psiché, 1678.
Bellérophon, 1679.
La Pierre Philosophale, 1681.
Médée, 1693.

LOUVART.
Voyez Urgande, 1679.

SABLIERES.

Voyez Divertissement, donné à S. E. Mgr. le Cardinal de Bonzi, 1679.

SEGRAIS, (Jean Renaud, Sieur de) né à Caën en 1624. mort dans la même Ville en 1701.

Voyez L'Amour guéri par le Tems, vers 1680.

FONTAINE, (Jean de la) célébre par ses Fables & par ses Contes, né à Château-Thieri, le 8 Juin 1621. mort à Paris le 13 Mars 1695. le même dont on a parlé au Théâtre François, sous l'année 1654.

Voyez Galathée, 1683.
Daphné, 1684.
Astrée, 1691.

RACINE, (Jean) le même dont on a parlé au Théâtre François, sous l'année 1664.

Voyez L'Idille sur la Paix, 1685.
Chœurs de la Tragédie d'Esther, 1688.

CAMPISTRON, (Jean Gilbert) le même dont on a parlé au Théâtre François, sous l'année 1683.

Voyez Acis & Galathée, 1686. Alcide, 1693.
Achilles & Polixene, 1687. La mort d'Hercule, 1705.

DANCOURT, (Florent Carton) le même dont on a parlé au Théâtre François, sous l'année 1683.

Voyez le Ballet de la Jeunesse, 1686.

LYRIQUES.

L'impromptu de Livry, 1705.
Le Divertissement de Sceaux, 1705.
L'Impromptu de Surêne, 1713.

Nota. *Quoique ces trois derniers Ouvrages soient mis aussi dans la Classe des Comédies, on a cru pouvoir en faire mention dans celle des Ballets.*

BOULLAY, (Michel du) Secrétaire de Monseigneur le Duc de Vendôme.

Voyez Zephire & Flore, 1688.
Orphée, 1690.

CLERC. (le)

Voyez Orontée, 1688.

FONTENELLE, (Bernard le Bouvier de) neveu de Messieurs Corneille, de l'Académie Françoise, mort en 1756. le même dont on a parlé au Théâtre François, sous l'année 1689.

Voyez Thetis & Pelée, 1689.
Enée & Lavinie, 1690.
Endimion, 1731.

BOURSAULT, (Edme) le même dont on a parlé au Théâtre François, sous l'année 1662.

Voyez la Fête de la Seine, 1690.
Méléagre, 1694.

BAUGÉ.

Voyez Coronis, 1691.

BANZI.

Voyez Ballet dansé à Villeneuve-Saint-Georges, 1692.

COLONIA, (le Pere) Jésuite.

Voyez La Foire d'Augsbourg, 1693.
Les Préludes de la Paix, 1697.

DUCHÉ, (Jean-François) de Vancy, le même dont on a parlé au Théâtre François, sous l'année 1700.

Voyez Céphale & Procris, 1694.
Theagènes & Chariclée. 1695.
Les Amours de Momus, 1695.
Les Fêtes Galantes, 1698.
Scylla, 1701.
Iphigenie en Tauride, 1704.

PASSERAT, le même dont on a parlé au Théâtre François, sous l'année 1695.

Voyez Le Grand Ballet d'Alcide & d'Hebé.

PIC, (l'Abbé) mort en 1712.

Voyez Les Saisons, 1695.
La Naissance de Venus, 1696.
Aricie, 1697.

SAINT-JEAN.

Voyez Ariadne & Bacchus, 1696.

M. de B.

Voyez Le Peuple Juif délivré par Esther.

MOTTE, (Antoine Houdart de la) de l'Académie Françoise, né à Paris en 1672. mort dans la même Ville en 1731. le même

LYRIQUES.

dont on a parlé au Théâtre François, sous l'année 1702.

Voyez L'Europe Galante, 1697.
Issé, 1697. en trois Actes.
Amadis de Grece, 1699.
Le Triomphe des Arts, 1700.
Canente, 1700.
Omphale, 1701.
Le Carnaval & la Folie, 1703.
La Venitienne, 1705.
Alcione, 1706.
Les Grandes Nuits de Sceaux, 1706.
Le Professeur de Folie, 1706.
Issé, 1708. en cinq Actes.
Sémélé, 1709.
Scanderberg, 1735.
Le Prologue de Titon & l'Aurore, 1753.

ROUSSEAU, (Jean-Baptiste) né à Paris en 1669. mort à Bruxelles le 17 Mars 1741. le même dont on a parlé au Théâtre François, sous l'année 1694.

Voyez Jason, 1696.
Venus & Adonis, 1697.

BLEGNY.
Voyez La Fête du Parnasse, 1698.

GUERIN, le même dont on a parlé au Théâtre François, sous l'année 1699.

Voyez Intermédes de Musique & de Danse, pour la Comédie de Méirtil & Mélicerte, 1698.

TRIBOLET, (Chrétien) Capitaine d'Infanterie, né en 1661. mort en 1700.

Voyez Scylla, 1698.

REGNARD, le même dont on a parlé au Théâtre François, sous l'année 1693.

Voyez le Carnaval de Venise, 1699.

CERCEAU, (Jean-Antoine du) Jésuite, né à Paris en 1670. mort à Veret le 4 Juillet 1730. le même dont on a parlé au Théâtre François, sous l'année 1721.

Voyez le Destin du nouveau siecle, 1700.
Récits en Musique employés dans le Ballet de la Conquête de la Toison d'Or, 1701.

DANCHET, (Antoine) de Clermont en Auvergne, de l'Académie Françoise & de celle des Inscriptions, né en 1671. mort en 1748. le même dont on a parlé au Théâtre François, sous l'année 1706.

Voyez Hesione, 1700.
Arethuse, 1701.
Fragmens de M. de Lully, 1702.
Cariselli, 1702.
Tancrède, 1702.
Les Muses, 1703.
Telemaque, fragmens des Modernes, 1704.
Le Triomphe de l'Amour,
1705.
Alcine, 1705.
Les Fêtes Venitiennes, 1710.
Idomenée, 1712.
es Amours de Mars & de Venus, 1712.
Telephe, 1713.
Camille, 1717.
Le Jaloux trompé, 1731.
Achille & Deidamie, 1735.

CHERON, (C. J. B.)
Voyez le Temple des Vertus, 1700.

SAINTONGE, (Louise-Geneviève Gillot, connue sous le nom de Madame de) la même dont on a parlé au Théâtre François, sous l'année 1714.

Voyez Les Charmes des Saisons, 1701.
Idille sur le retour de Madame, idem.

Idille sur le retour de la santé du Roi, *idem.*
Idille pour Monseigneur sur la prise de Philisbourg, *idem.*
Eglogue chantée devant Sa Majesté, *idem.*
Idille pour Monseigneur le Duc de Vendôme, *idem.*
Idille chantée devant le Roi, *idem.*
Idille pour le Mariage de Madame la Duchesse de Lorraine, *idem.*
Divertissement représenté à Barcelone pour le Mariage de Leurs Majestés Catholiques, *idem.*
Idille pour la Fête du Roi d'Espagne, *idem.*
Idille sur le retour du Roi d'Espagne à Madrid, *idem.*
Le Retour du Printems, *idem.*
Diane & Endimion, *idem.*
L'Automne, Idille, *idem.*

GRANGE (la) Chancel, le même dont on a parlé au Théâtre François, sous l'année 1694.

Voyez Medus, 1701.
Cassandre, 1706.
Orphée, 1708.

SAINT-GILLES, (le Chevalier de) le même dont on parlé au Théâtre François, sous l'année 1706.

Voyez La Fievre de Palmerin, 1703.

GUICHARD.

Voyez Ulisse, 1703.

JAY. (Gabriël-François le)

Voyez Trois Intermédes en vers, pour la Tragédie d'Abdolominus, 1703.

MALEZIEU.

Voyez Relation de la Fête que M. de Malezieu donna le 4 Août 1703.
Le Prince de Cathay, 1704.
Les Grandes Nuits de Sceaux, 1706.

ROY, (Pierre-Charles) Chevalier de S. Michel.

Voyez Philoméle, 1705.
Les Grandes Nuits de Sceaux, 1706.
Bradamante, 1707.
Hyppodamie, 1708.
Creuſe, 1712.
Callirhoé, 1712.
Ariane, 1717.
Sémiramis, 1718.
Les Elémens, 1721.
Les Stratagêmes de l'Amour, 1726.
Les Sens, 1732.
Les Graces, 1735.
Le Ballet de la Paix, 1738.
Les Auguſtales, 1744.
Le Retour du Roi, 1744.
Le Départ du Roi, 1745.
Le Retour du Roi, 1745.
La Félicité, 1746.
L'Année Galante, 1747.
Les Fêtes de Thetis, 1750.
Le Bal Militaire, 1750.

SERRE, (Jean-Louis-Ignace de) le même dont on a parlé au Théâtre François, ſous l'année 1718.

Voyez Polixene & Pyrrhus, 1706.
Diomède, 1710.
Polidore, 1720.
Pirithous, 1723.
Pirame & Thisbé, 1726.
Tarſis & Zelie, 1728.
Scanderberg, le Prologue & le cinquieme Acte, 1735.
Nitetis, 1741.

GAVAUDUN. (M. de)
Voyez Les Grandes Nuits de Sceaux, 1706.

GENEST. (M. l'Abbé)
Voyez Les Grandes Nuits de Sceaux, 1706.

CAUMONT, (M. le Marquis de) maintenant Duc de la Force.
Voyez Les Grandes Nuits de Sceaux.

QUESNOT de la Chenée.
Voyez La Bataille de Hoogstet, 1707.

JOLLY.
Voyez Méléagre.

MENESSON.
Voyez Manto la Fée, 1711.
Les Plaisirs de la Campagne, 1715.
Ajax, 1716.

BRUN. (le)
Voyez Zoroastre, 1712. Hypocrate Amoureux, *idem*.
Arion, *idem*. Frederic, *idem*.
Mélusine, *idem*. Europe, *idem*.
Sémélé, *idem*.

FUSELIER, (Louis) mort le 19 Septembre 1752. âgé de 78 ans, le même dont on a parlé au Théâtre François sous l'année 1719.
Voyez les Amours déguisés, Les Amours des Déesses, 1729.
1713. Les Indes Galantes, 1735.
Arion, 1714. L'Ecole des Amans, 1744.
Les Ages, 1718. Jupiter & Europe, 1749.
Les Amours des Dieux, 1727. Le Carnaval du Parnasse, 1749.

LAROQUE, (Antoine de) Ecuyer, Auteur du Mercure de France, né en 1672. mort en 1744.
Voyez Medée & Jason, 1713.
Theonoé, 1715.

LAFONT, (Joseph de) né à Paris en

1686. mort à Paſſi le 20 Mars 1725. le même dont on a parlé au Théâtre François ſous l'année 1707.

Voyez Les Fêtes de Thalie, 1714.
Hipermneſtre, 1716.
Les Amours de Protée, 1720.
Orion, 1728.

MANDAJORS.

Voyez L'Impromptu de Nîmes, 1714.

PELLEGRIN, (Simon-Joſeph) Prêtre du Diocèſe de Marſeille, connu ſous le nom de l'Abbé Pellegrin, né à Marſeille en 1661. mort à Paris en 1745. le même dont on a parlé au Théâtre François ſous l'année 1705.

Voyez Telemaque, 1714.
Les Fêtes de l'Eté, 1716.
Le Jugement de Pâris, 1718.
Les Plaiſirs de la Campagne, 1719.
Renaud ou la Suite d'Armide 1722.
Télégone, 1725.
La Princeſſe d'Elide, 1718.
Le Parnaſſe, 1729.
Jephté, 1732.
Hypolite & Aricie, 1733.
Les caractères de l'Amour, 1738.
Alphée & Arethuſe, 1752.

DUCHAUFOUR. (Marie Foucquier)

Voyez Le Génie de Panthemont, 1716.

MACORT.

Voyez Sylvanire, 1717.

ALLEAU. (M. D.)

Voyez La Fête de l'Amour & de l'Hymen, 1718.

AUTREAU, (Jacques) le même dont on

on a parlé au Théâtre François, fous l'année 1731.

Voyez Rodope ou l'Opera perdu, 1718.
Les Fêtes de Corinthe, *idem.*
Le Galant Corfaire, *idem.*
Mercure & Driope, *idem.*
Platée, 1745.

BEAUCHAMPS, (Pierre-François-Godard de) le même dont on a parlé au Théâtre Italien, fous l'année 1731.
Voyez Ballet de la Jeuneffe, 1718.

POISSON, (Madeleine) connue fous le nom de Madame de Gomez, la même dont on a parlé au Théâtre François, fous l'année 1714.
Voyez Les Epreuves, 1718.

COYPEL. (Charles-Antoine)
Voyez Les Folies de Cardenio, (les Intermèdes) 1720.

PERRIN, Chevalier de S. Louis.
Voyez Les Mufes raffemblées par l'Amour, 1723.

BOURET.
Voyez le Triomphe des Melophiletes, 1725.

ADAM, (le Pere) Jéfuite.
Voyez Cantate fur la Naiffance de Monfeigneur le Dauphin, 1729.

AIGUEBERT, (Dumas d') le même dont on a parlé au Théâtre François, fous l'année 1729.
Voyez Pan & Doris, 1729.

SAINT-JORRI, (Louis Ruſtaing de) le même dont on a parlé au Théâtre Italien, ſous l'année 1719.

Voyez le Triomphe de l'Amour & de l'Hymen, 1725.

FERMELHUIS.
Voyez Pirrhus, 1730.

MORAND, (Pierre de) le même dont on a parlé au Théâtre François, ſous l'année 1735.

Voyez Les Amours des Grands Hommes, 1730.
Les Peines & les Plaiſirs de l'Amour, *idem.*
Les Travaux d'Hercule, *idem.*
Le Triomphe de l'Amour, *id.*
La Fauſſe indifférence, *idem.*
Prologue à l'honneur de S. A. S. Madame la Ducheſſe Douairiere, *idem.*
Diane & l'Amour, *idem.*
Fête Spirituelle en l'honneur de la Reine, *idem.*
Idille Spirituelle ſur la Naiſſance de Jeſus-Chriſt, 1734.
L'Idille de Rambouillet, 1735.
Bouquet de Mademoiſelle de G***, 1735.
La Paix, 1737.
L'Ecole de Mars, 1738.

CARRELIER, (M. Louis) Chanoine de S. Etienne.
Voyez le Prince des Paſteurs.

FLEURY, mort en 1746.
Voyez Biblis, 1732.
Les Génies, 1736.

MONTCRIF, (François-Auguſtin Paradis de) Lecteur de la Reine, & de l'Académie Françoiſe, le même dont on a parlé au Théâtre François, sous l'année 1732.

Voyez L'Empire de l'Amour, 1733.
Zelindor, 1745.
Le Trophée, 1745.
Les Ames Rivales, 1746.
Ismene, 1748.
Almasis, 1748.
Les Génies Tutelaires, 1751.
La Sibille dans le Ballet des Fêtes d'Euterpe, 1758.

MASSIP.

Voyez les Fêtes Nouvelles, 1734.

BONNEVAL, (le Sieur de) Intendant des Menus.

Voyez les Romans, 1736.
Jupiter Vainqueur des Titans, 1745.

LABRUERE, Secrétaire d'Ambassade à Rome, Auteur du Mercure Galant, mort en 1754. le même dont on a parlé au Théâtre François sous l'année 1734.

Voyez Les Voyages de l'Amour, 1736.
Dardanus, 1739.
Persée, 1747. Un Nouveau Prologue.
Erigone, 1748.
Le Prince de Noisi, 1749.

BERNARD, Secrétaire Général des Dragons.

Voyez Castor & Pollux, 1737.
Les Surprises de l'Amour, 1748.

LEFRANC de Pompignan, premier Président de la Cour des Aides de Montauban, le même dont on a parlé au Théâtre François, sous l'année 1734.

Voyez Le Triomphe de l'Harmonie, 1737.

Léandre & Hero, 1750.

DISSON, Fils d'un Avocat de Dijon, le même dont on a parlé au Théâtre François, sous l'année 1749.

Voyez Idille représentée devant S. A. S. Mgr. le Duc, 1739.
Les Fêtes de Grenade, 1752.

LAMARRE, (l'Abbé de) mort en 1736.

Voyez Zaïde, 1739.
Titon & l'Aurore, 1753.

MONTDORGE, Maître de la Chambre aux deniers.

Voyez Les Fêtes d'Hébé ou les Talens Lyriques, 1739.

SERVANDONI, Inventeur des Spectacles en Machines donnés aux Thuilleries.

Voyez Pandore, 1739.
La Forêt enchantée, 1754.
Le Triomphe de l'Amour Conjugal, ou Admetes & Alcestes, 1755.
La Conquête du Mogol, 1756.
La Constance couronnée, 1757.
La Chute des Anges rebelles, 1758.

BELLIS.

Voyez Le Temple de Gnide, 1741.

L * * *.

Voyez Isbé, 1742.

DESTOUCHES, (Nericault) le même dont on a parlé au Théâtre François, sous l'année 1710.

Voyez Ragonde, 1742.

SAINT-MARD.

Voyez Le Pouvoir de l'Amour.

DUCLOS, Historiographe du Roi, de l'Académie Françoise.

Voyez Les Caractéres de la Folie, 1743.

FAVART, (Charles-Simon) connu par ses jolis Operas Comiques.

Voyez Dom Quichotte chez la Duchesse, 1743.
Voyez La Coquette trompée, 1753.

BESSON.

Voyez La Maladie du Roi, 1744.

DESBROSSES.

Voyez Jesus Naissant, 1744.

FREDERIC, Roi de Prusse.

Voyez Merope, 1745.

CAHUSAC, mort en 1749. le même dont on a parlé au Théâtre François, sous l'année 1736.

Voyez Les Fêtes de Polimnie, 1745.
Les Fêtes de l'Hymen & de l'Amour, 1747.
Zaïs, 1748.
Naïs, 1749.
Zoroastre, 1749.
La Naissance d'Osiris, 1754.
Anacréon, 1754.

DARNAUD, le même dont on a parlé au Théâtre François, sous l'année 1740.

Voyez L'Alliance de Minerve & de Mars, 1745.

Pastorale exécutée par les Demoiselles de l'Enfant-Jesus,
1745.
La Reconnoissance, idem.

Divertissement au sujet de la
Convalescence de M. le Curé
de S. Sulpice, idem. id.
Divertissement pour terminer
la Comédie de l'Amant Philosophe, idem.

VOLTAIRE, (François-Marie Arouet de) le même dont on a parlé au Théâtre François, sous l'année 1718.

Voyez Le Temple de la Gloire, 1745.
Samson, id. Pandore, id.

Les Intermédes de la Princesse de Navarre, idem.
Les Fêtes de Ramire, idem.

D'ALBARET.

Voyez Scylla & Glaucus, 1746.

LANOUE, Comédien François, le même dont on parlé au Théâtre François, sous l'année 1746.

Voyez Zelisca, (les Intermèdes) 1746.

LAUJON, Sécretaire des Commandemens de Monseigneur le Comte de Clermont.

Voyez Daphnis & Cloé, 1747.
Æglée, 1748.
Sylvie, 1749.

Le Retour de l'Amour & des Plaisirs, 1749. Mss.
Azor & Themire, 1750.
La Journée Galante, 1750.

LAUNAY, (de) le même dont on a parlé au Théâtre François, sous l'année 1733.

Voyez les Fêtes de la Paix, 1747. Mss.

BALLOT, Avocat en Parlement.

Voyez Pigmalion, 1748.

Lyriques.

PIGNÉ.
Voyez Daphné, 1748. Mſſ.

PESSELIER, le même dont on a parlé au Théâtre François, ſous l'année 1739.
Voyez Iphiſe, 1748. Mſſ.

RENOUT.
Voyez Caliſto en trois Actes, 1748. Mſſ.

PAGNI, le fils.
Voyez Caliſto en un Acte, 1749. Mſſ.
La Défaite de l'Envie, 1752. Mſſ.

CURI, (le Sieur de) Intendant des Menus Plaiſirs.
Voyez Zelie, 1749.
Voyez auſſi *dans le Catalogue des Auteurs Muſiciens la note à l'article de M. Ferrand, ſous l'année 1749.*

M.***.
Voyez Apollon & Climene, 1750.

BAZIN.
Voyez Hiſtoire des Amours de Cupidon & de Pſiché, 1753.

MARMONTEL, Auteur du Mercure de France, le même dont a parlé au Théâtre François, ſous l'année 1748.
Voyez La Guirlande, 1751   Lizis & Delie, 1753.
Acante & Cephiſe, *idem.*   Les Sibarites, *idem.*

METASTASIO.
Voyez Adrien, 1751.   Cyrus, *idem.*
Titus, *idem.*   Zenobie, *idem.*

Siroës, *idem.*
Aëtius, *idem.*
Les Graces Vengées, *idem.*
Demophon, *edem.*
Hipſipile, *idem.*
Regulus, *idem.*
Themiſtocle, *idem.*
L'Azyle de l'Amour, *idem.*
Alexandre, *idem.*
L'Olimpiade, *idem.*
Antigone, *idem.*
Le Parnaſſe accuſé & défendu, *idem.*
L'Amour priſonnier, *idem.*
Caton, *idem.*
La Paix entre la Beauté & la Vertu, *idem.*
Artaxerce, *idem.*
Drame en Muſique, *idem.*
Didon, *idem.*
Semiramis reconnue, *idem.*
Le Palladium ſauvé, *idem.*
Achille à Scyros, *idem.*
Aſtrée appaiſée, ou la Félicité de la Terre, *idem.*
Hypermneſtre, *idem.*
Le Songe de Scipion, *idem.*
Démétrius, *idem.*
Le Roi Paſteur, ou Abdolomine, *idem.*
Le Héros Chinois, *idem.*
La Naiſſance de Jupiter.
L'Iſle Deſerte, *idem.*

L.. A..
Voyez Les Amours de Tempé, 1752.

GARDEIN de Villemaire.
Voyez Le Retour du Printemps, 1752.
Les Amours Imprévus, 1753.

SAINTPHALIER. (Mademoiſelle de)
Voyez La Renaiſſance des Arts, 1752.

ROUSSEAU de Geneve.
Voyez Le Devin du Village, 1752.

COLLÉ, Auteur vivant.
Voyez Le Jaloux corrigé, 1753.
Daphnis & Eglé, 1753.

TAVENOT

TANEVOT.

Voyez La Parque Vaincue, 1754.

MONDONVILLE.

Voyez Daphnis & Alcimadure, 1754.

SAINT-FOIX, Gentilhomme Breton, le même dont on a parlé au Théâtre François, sous l'année 1740.

Voyez Deucalion & Pyrrha, 1755.

CHENEVIERES, Premier Commis du Bureau de la Guerre.

Voyez Celime, 1756.

BRUNET.

Voyez Divertissement pour la Fête de Madame le Normant, 1757. Mss.

COLLET, Sécretaire d'Ambassade à Parme.

Voyez Venus & Adonis, 1758.

V. ***, (l'Abbé de) le même dont on a parlé au Théâtre François, sous l'année 1739.

Voyez L'Amour & Psiché. Dans le Ballet Op. Int. les Fêtes de Paphos, 1758.

ZENO.

Voyez Meropé, 1758. Andromaque, *idem*.
Nitocris, *idem*. L'Hymenée, *idem*.
Papirius, *idem*. Mithridate, *idem*.
Joseph, *idem*. Jonathas, *idem*.

HENAULT, (M. le Préſident) de l'Académie Françoiſe, & célébre par ſon Abregé Chronologique de l'Hiſtoire de France.
Voyez Le Temple des Chimeres, 1758.

CATALOGUE
PAR ORDRE CHRONOLOGIQUE
DES MUSICIENS.
Qui ont composé dans le genre Lyrique.

CAMBERT, Organiste de l'Eglise Saint-Honoré, mort à Londres en 1667.

Voyez Premiere Comédie Françoise, 1659.
Pomone, 1671.
Les Peines & les Plaisirs de l'Amour, 1672.

LULLY, (Jean-Baptiste) Surintendant de la Musique du Roi, né à Florence en 1663, mort à Paris le 22 Mars 1687.

Voyez Le Mariage forcé, (les Intermèdes) 1664.
Le Grand Divertissement Royal de Versailles, 1668.
La Grotte de Versailles, 1668.
La Princesse d'Elide, (les Intermèdes) 1669.
Le Divertissement Royal, 1670.
Le Bourgeois-Gentilhomme, (les Intermèdes) 1670.
Psiché, (les Intermèdes) 1671.

Les Fêtes de l'Amour & de Bacchus, 1672.
Cadmus, 1673.
Alcestes, 1674.
Thesée, 1675.
Le Carnaval, 1675.
Atis, 1676.
Isis, 1677.
Psiché, 1678.
Bellerophon, 1679.
Proserpine, 1680.

D ij

Le Triomphe de l'Amour, 1681.
Persée, 1682.
Phaëton, 1683.
Amadis de Gaule, 1684.
Roland, 1685.
Le Temple de la Paix, 1685.
Idille sur la Paix, 1685.
Armide, 1686.
Acis & Galatée, 1686.
Pourceaugnac, Divertissement tiré du Carnaval, 1720.
Divertissement tiré des Fêtes de l'Amour & de Bacchus, 1738.

BOESSET.
Voyez Paroles de Musique, &c. 1667.
Divertissement pour le retour du Roi, 1687.

CHARPENTIER, (Marc-Antoine) mort en 1702.
Voyez Le Malade Imaginaire, (les Intermèdes) 1673.
Circé, (les Intermèdes) 1675.
Medée, 1693.

LALANDE, (Michel-Richard de) Surintendant de la Musique du Roi, célébre par ses Motets.
Voyez Ballet de la Jeunesse, 1686.
L'Amour fléchi par la constance, 1697.
Les Folies de Cardenio.

COLASSE, (Paschal) Maître de la Musique de la Chambre & de la Chapelle du Roi, né à Paris en 1639. mort en 1709.
Voyez Achille & Polixene, 1687.
Thetis & Pelée, 1689.
Enée & Lavinie, 1690.
Astrée, 1691.
Ballet dansé à Villeneuve-Saint-George, 1692.
Les Saisons, 1695.
Jason, 696.
La Naissance de Venus, 1696.
Canente, 1700.
Polixene & Pirrhus, 1706.

GAUTIER, Chef de l'Académie Royale de Musique de Marseille.

Voyez Le Jugement du Soleil, 1687.

MOREAU.

Voyez Les Bergers de Marly, 1687.
Le Peuple Juif, 1697.

PHILIDOR.

Voyez Le Canal de Versailles, 1687.
Diane & Endimion, 1698.

LORENZANI.

Voyez Orontée, 1688.

LULLY, (Louis.) *de concert avec* JEAN LULLY, *son frere.* Tous les deux fils du fameux LULLY.

Voyez Zephire & Flore, 1688.

Seul.

Voyez Orphée, 1690.

De concert avec Marais.

Voyez Alcide, 1693.
Le même Opera sous le titre de la Mort d'Hercule, 1705.

THEOBALDE, né à Florence.

Voyez Coronis, 1691.
Scylla, 1701.

MARAIS, (Marin)

Voyez Alcide, 1693. (DE CON-
CERT AVEC LOUIS LULLY.)
Le même Opera sous le titre
de la Mort d'Hercule, 1705.

Ariadne & Bacchus, 1696.
Alcione, 1706.
Semelé, 1709.

DESMARETS, (Henri) né à Paris en 1662. mort à Luneville en 1741.

Voyez Didon, 1693.
Circé, 1694.
Theagenes & Chariclée, 1695.
Les Amours de Momus, 1695.
Venus & Adonis, 1697.
Les Fêtes Galantes, 1698.
Iphigenie en Tauride, 1704.
Renaud, ou la Suite d'Armide, 1722.

GUERRE, (Mademoiselle la)

Voyez Cephale & Procris, 1694.

CAMPRA. (André)

Voyez L'Europe Galante, 1697.
Le Carnaval de Venife, 1699.
Hefione, 1700.
Le Deftin du Nouveau Siécle, 1700.
Arethufe, 1701.
Fragmens de M. de Lully, 1702.
Carifelly, 1702.
Tancrede, 1702.
Le Triomphe de l'Amour, 1705.
Hippodamie, 1708.
Les Fêtes Vénitiennes, 1710.
Idomenée, 1712.
Les Amours de Mars & de Venus, 1712.
Telephe, 1713.
Camille, 1717.
Les Ages, 1718.
La Fête de l'Ifle-Adam, 1722.
Les Mufes raffemblées par l'Amour, 1723.
Le Jaloux trompé, 1731.
Achille & Deidamie, 1735.

LACOSTE.

Voyez Aricie, 1697.
Philomele, 1705.
Bradamante, 1707.
Creufe, 1712.
Telegone, 1725.
Orion, 1728.
Biblis, 1732.

DESTOUCHES, (André Cardinal)

LYRIQUES.

Surintendant de la Musique du Roi.

Voyez Issé, en trois Actes, 1697.
Amadis de Grece, 1699.
Marthésie, 1699.
Omphale, 1701.
Le Carnaval & la Folie, 1703.
Le Professeur de Folie, 1706.
Issé en cinq Actes, 1708.
Callirhoé, 1712.
Telemaque, 1714.
Semiramis, 1718.
Les Elémens, 1721.
Les Stratagêmes de l'Amour, 1726.

GERVAIS, Maître de la Musique de la Chapelle du Roi.

Voyez Meduse, 1697.
Hypermnestre, 1716.
Les Amours de Protée, 1720.

LABARRE. (Michel de)

Voyez Le Triomphe des Arts, 1700.
La Vénitienne, 1705.

FARINEL.

Voyez Concert divisé en deux parties, 1700.
Les Chants de la Paix, 1704.

HEUDELINE.

Voyez Les Coups de l'Amour & de la Fortune, (les Intermèdes.) 1700.

BOUVARD.

Voyez Medus Roi des Medes, 1702.
Cassandre, 1706. (DE CONCERT AVEC BERTIN.)
Le Triomphe de l'Amour & de l'Hymen, 1729.
Diane & l'Amour, 1730.
Idille Spirituelle sur la Naissance de N. S. Jesus-Christ, 1734.
L'Ecole de Mars, 1738.

MUSICIENS

MATHO, ordinaire de la Musique du Roi.

Voyez Relation de la Fête que M. de Malezieu, &c. 1703.
Le Prince de Cathay, 1704.
Arion, 1714.

De concert avec Alarius.

Voyez Ballet de la Jeunesse, 1718.

REBEL, pere.

Voyez Ulysse, 1703.

BERTIN, de concert avec Bouvart.

Voyez Cassandre, 1706.

Seul.

Voyez Diomede, 1710. Les Plaisirs de la Campagne,
Ajax, 1716. 1719.
Le Jugement de Pâris, 1718.

MARCHAND.

Voyez Les Grandes Nuits de Sceaux, 1706.

BATISTIN. (Jean-Baptiste Struck.)

Voyez Meleagre, 1709.
Manto la Fée, 1711
Polidore, 1720.

LAVOCAT. (P.)

Voyez Le Concert des Dieux, 1710.

BOURGEOIS.

Voyez Les Amours déguisés, Les Plaisirs de la Paix, 1715.
1713. Divertissement au sujet de la
Naissance

Naissance de Monseigneur le Dauphin, 1729.
Les Peines & les Plaisirs de l'Amour, 1730.
L'Idille de Rambouillet, 1735.

SALOMON.
Voyez Medée & Jason, 1713.
Thenoé, 1715.

MALLET.
Voyez L'Impromptu de Nismes, 1714.

MOURET, (Jean-Joseph) né à Avignon en 1682. mort à Charenton en 1738.
Voyez Les Grandes Nuits de Sceaux, 1706.
Les Fêtes de Thalie, 1714.
Ariane, 1717.
Pirithoüs, 1723.
Les Amours des Dieux, 1727.
Pan & Doris, 1729.
Les Sens, 1732.
Les Graces, 1735.
Ragonde, 1742.

MONTECLAIR, (Michel) né à Chaumont en Bassigni en 1666. mort près de Saint-Denis en 1737.
Voyez Les Fêtes de l'Eté, 1716.
Jephté, 1732.
Daphné, 1748.
Alphée & Arethuse, 1752.

PONCHELEZ.
Voyez Sylvanire, 1717.

ALARIUS, DE CONCERT AVEC MATHO.
Voyez Ballet de la Jeunesse, 1718.

BLAMONT, (Colin de) Surintendant de la Musique du Roi, & Maître de celle de la Chapelle.
Voyez Les Fêtes Grecques & Romaines, 1723.

Le Parnasse, 1729.
Concert en forme de Fête, 1729.
Endimion, 1731.
Les Amours du Printemps, 1737.
Les Caracteres de l'Amour, 1738.
Jupiter Vainqueur des Titans, 1745.
Les Fêtes de Thetis, 1750.

AUBERT.
Voyez La Reine des Peris, 1725.

{ REBEL. (François)
{ FRANCOEUR. (François)

Ces deux Auteurs, amis dès la plus tendre enfance, tous deux Surintendans de la Musique du Roi, ont toujours travaillé de concert.

Voyez Pirame & Thisbé, 1726.
Tarsis & Zelie, 1728.
Scanderberg, 1735.
Le Ballet de la Paix, 1738.
Le Retour du Roi, 1744.
Les Augustales, 1744.
Zelindor, ou le Silphe, 1745.
Le Retour du Roi, 1745.
Le Ballet de la Félicité, 1746.
Ismene, 1748.
Le Prince de Noisi, 1749.
Les Génies Tutelaires, 1751.

CAPPUS.
Voyez Le Retour de Zephire, 1728.
Les Plaisirs de l'hyver, 1730.

VILLENEUVE.
Voyez La Princesse d'Elide, 1728.

JOLIVET de Dijon.
Voyez Cantate sur la Naissance de Mgr. le Dauphin, 1729.
Idille Héroïque, 1730.
Divertissement pour la Fête de Monsieur le Comte de Tavanes, 1730.

QUINAULT, Comédien du Roi, frere aîné de Dufresne.
Voyez Les Amours des Déesses, 1729.

CLAVIS.
Voyez Fête Spirituelle en l'honneur de la Reine, 1730.

LACOMBE des Roziers.
Voyez Le Triomphe de l'Amour, 1730.

ROYER. (Joseph-Nicolas-Pancrace)

Voyez Pirrhus, 1730.	Le Pouvoir de l'Amour, 1743.
Zaïde, 1739.	Almasis, 1748.

FAUBERT.
Voyez Divertissement exécuté chez M. . D. . F. . 1731.

BRASSAC, (le Chevalier de) Maréchal des Camps & Armées du Roi.
Voyez L'Empire de l'Amour, 1733.
Léandre & Hero, 1750.

RAMEAU, (Jean-Baptiste) né à Dijon, le 25 Septembre 1683.

Voyez Hypolite & Aricie, 1733.	Les Fêtes de Polimnie, 1745.
	Platée, 1745.
Les Indes Galantes, 1735.	Le Temple de la Gloire, 1745.
Castor & Pollux, 1737.	Les Fêtes de Ramire, 1745.
Les Fêtes d'Hebé, ou les talens Lyriques, 1739.	Les Fêtes de l'Hymen & de l'Amour, 1747.
Dardanus, 1739.	Zaïs, 1748.
La Princesse de Navarre, (les Intermèdes) 1745.	Les Surprises de l'Amour, 1748.

Pigmalion, 1748.
Naïs, 1749.
Zoroaftre, 1749.
La Guirlande, 1751.
Acante & Cephife, 1751.
Daphnis & Æglé, 1753.
Lifis & Delie, 1753.
Les Sibarites, 1753.
La Naiffance d'Ofiris, 1754.
Fragmens repréfentés à Fontainebleau, 1754.
Anacréon, 1754.

CHAPELLE. (la)
Voyez Ifac, 1734.

DUPLESSIS.
Voyez Les Fêtes Nouvelles, 1734.

GARNIER.
Voyez Le Triomphe de la France, 1735.

MION.
Voyez Bouquet de Mademoifelle de G ***, 1735.
Nitetis, 1741.
L'Année Galante, 1747.

DUVAL, (Mademoifelle) Actrice de l'Opera.
Voyez Les Génies, 1736.

BOISMORTIER.
Voyez Les Voyages de l'Amour, 1736.
Dom Quichotte, 1743.
Daphnis & Chloé, 1747.

NIEL.
Voyez Les Romans, 1736.
L'Ecole des Amans, 1744.

GRENET.
Voyez Le Triomphe de l'Harmonie, 1737.

LYRIQUES. 37

MATHIEU.
Voyez La Paix, Idille, 1737.

MONDONVILLE.
Voyez Isbé, 1741.
Erigone, 1748.
Le Carnaval du Parnasse, 1749.
Titon & l'Aurore, 1753.
Daphnis & Alcimadure, 1754.
Les Fêtes de Paphos, 1758.

BURI, Surintendant de la Musique du Roi.
Voyez Les Caractéres de la Folie, 1743.
Jupiter Vainqueur des Titans, 1745.
Persée, (un Nouveau Prologue) 1747.
Les Fêtes de Thetis, 1750.
La Parque Vaincue, 1754.

MARLET.
Voyez Jesus Naissant, 1744.

MOREL.
Voyez La Maladie du Roi, 1744.

CLERAMBAULT, Organiste de Saint Cyr.
Voyez Le Départ du Roi, 1745.

LECLERC.
Voyez Scilla & Glaucus, 1746.
Apollon & Climene, 1750.

JELIOTTE.
Voyez Zelisca, (les Intermèdes) 1746.

LAGARDE de la Musique du Roi.

Voyez Æglé, 1748.
Sylvie, 1749.
La Journée Galante, 1750.

DUGUÉ de la Musique du Roi.

Voyez Jupiter & Europe, 1749.

FERRAND, Fermier Général.

Voyez Zelie, 1749.

> Nota. Monsieur Ferrand jouoit du Clavessin dans l'orchestre du Théâtre des Petits Appartemens ; il étoit fort ami de Monsieur le Duc de la Valliere, qui avoit la direction de ces Spectacles, & qui connoissoit tous ses talens pour la Musique, il l'engagea à faire celle d'un Ballet en un Acte, dont Monsieur de Curis Intendant des Menus, & fort lié avec eux, avoit fait les paroles, M. Ferrand s'y prêta avec plaisir, & le succès justifia l'opinion qu'on avoit de son goût & de ses connoissances ; c'est un des jolies Ouvrages qui ayent paru sur ce Théâtre ; les Auteurs par modestie, n'ont jamais voulu le rendre public.

MARTIN.

Voyez le Bal Militaire, 1750.

VASSEUR, (le) Acteur de l'Opera.

Voyez Azor & Themire, 1750.

BLAISE, Basson de la Comédie Italienne.

Voyez L'Histoire des Amours de Cupidon & de Psiché, 1751.

DAVID.

Voyez La Renaissance des Arts, 1752.

AUVERGNE. (d')

Voyez Les Amours de Tempé, 1752.
La Coquette Trompée, 1753.
Enée & Lavinie, 1758.
Les Fêtes d'Euterpe, 1758.

DESMAZURES.

Voyez Les Fêtes de Grenade, 1752.

ROUSSEAU, (Jean-Jacques) de Geneve.

Voyez Le Devin de Village, 1752.

BLAVET.

Voyez Le Jaloux corrigé, 1753.

ALEXANDRE.

Voyez Le Triomphe de l'Amour conjugal, 1755.
La Conquête du Mogol, 1756.

GIRAUD.

Voyez Deucalion & Pirrha, 1755.

HERBAIN. (le Chevalier d')

Voyez Celime, 1756.

NIVERNOIS, (M. le Duc de) de l'Académie Françoise.

Voyez Le Temple des Chimeres, 1758.

BALLETS,

MASCARADES, ENTRÉES,

SANS DATTE.

L'Aurore & Céphale, *in-*4°.
Ballet de la Vénérable Sibille de Panzoult de Rabelais, *in-*4°.
Ballet des Dieux *à treize entrées*, *in-*4°.
Ballet des Esclaves, *in-*4°.
Ballet des Machines, représentant le cinquiéme Acte de la mort d'Orphée & d'Euridice *à sept entrées*, *in-*4°.
Ballet des Postures, *in-*4°.
Ballet des Rues de Paris *à dix-neuf entrées*, *in-*4°.
Ballet du Hazard. *Paris*, *Nicolas Rousset & Sebastien l'Ecuyer*, *in-*8°.
Boutade, ou les Folies de Carême-Prenant, *in-*4°.
Cartels des Princes de Scithie, *in-*8°.
Entrée de Salamandres, Silphes, Gnogmes & Ondins, *in-*8°.
Le Libraire du Pont-Neuf, ou les Romans

mans, Ballet *à dix-huit entrées*, *in-4°*.

Les Plaisirs de la Jeuneſſe, Maſcarade *à onze entrées*, *in-4°*.

La Réception faite par un Gentilhomme de campagne à une Compagnie choiſie à ſa mode qui le vient viſiter, Maſcarade, *in-4°*.

<small>Nota. *Le titre au Frontiſpice porte uniquement Maſcarade.*</small>

Vers du Ballet des Pantagrueliſtes, *in-4°*.

Vers du Ballet du Roi, *in-4°*.

Vers pour le Ballet de la Réjouiſſance *à neuf entrées*, *in-4°*.

Vers pour le Ballet des Contraires, *in-4°*.

Vers pour Monſeigneur le Comte d'Harcourt, repréſentant un Courtiſan groteſque, *in-4°*.

Vers pour M. de la Trouſſe, repréſentant un Matelot.

<small>*Idem, un* CANONIER.
Idem, un PESCHEUR.
Idem, un MORE.</small>

<small>Nota. *Ces quatre articles ſont enſemble dans un petit cahier in-4°. J'ignore pour quel Ballet ils ont été faits.*</small>

Les vrais Moyens de Parvenir, *in-4°*.

PREMIER AGE.

Ballets, Opera, Mafcarades, Entrées, Ca-roufels, depuis 1548. *jufqu'en* 1673. *que* LULLY & QUINAULT *donnerent Cadmus, qui eſt le premier Opera dans le genre que nous avons adopté.*

1548.

La magnificence de la fuperbe & triomphante entrée de la noble & antique Cité de Lyon, faite au Très-Chrétien Roi de France Henri II. & à la Reine Catherine fon époufe, le 23 Septembre 1548. *Lyon, Guillaume Rouille,* 1549. *in-*4°.

1550.

C'eſt la déduction du fomptueux ordre, plaifans Spectacles, & magnifiques Théatres, dreffés & exhibés par les Citoyens de Rouen, Ville Métropolitaine du Pays de Normandie, à la Sacrée Majefté du Très-Chrétien Roi de France, Henri II. leur Souverain Seigneur, & à très-illuftre Dame, Madame Catherine de Medicis, la Royne fon époufe, lors de leur triomphant, joyeux & nouvel advénement en icelle Ville, qui fut ès jours de Mercredi & Jeudi, 1.er & 2.me jour d'Cctobre 1550, & pour plus expreffe intelligence de ce tant excellent triomphe, les Figures & Portraits des principaux ornemens d'icelui, y font apofés, chacun en fon lieu, comme l'on pourra voir par le difcours de l'Hiftoire. *Rouen, Robert le Hoy, Robert & Jean dits du Gord,* 1551. *in-*4°.

1558.

Le Recueil des Infcriptions, Figures & Mafcarades, ordonnées en l'Hôtel-de-Ville à Paris, le Jeudi 17 Février 1558. par Etiene Jodelle. *Paris, André Wechel,* 1559. *in-*4°.

1559.

Chant Paftoral, fur les nopces de Monfeigneur Charles Duc de Lorraine & Madame Claude, 2.me fille du Roi, par P. de Ronfard. *Paris, André Wechel,* 1559. *in-*4°.

Entreprife du Roi Dauphin pour les Tournois, fous le nom des Chevaliers Avantureux, à la Royne & aux Dames, par Joachim du Bellay.

Entreprife de M. de Lorraine, aux Dames, par le même.

Infcriptions, par le même.

Ces trois derniers articles fe trouvent dans le vol. int. Epithalame du Duc de Savoye, par Joachim du Bellay, Angevin. *Paris, Federic Morel,* 1559. *in-*4°.

1566.

Recueil des Chofes notables, qui ont été

faites à Bayone, à l'entrevue du Roi Très-Chrétien Charles IX. & la Royne sa très-honorée mere, avec la Royne Catholique, sa sœur. *Paris, Vascozan,* 1566. *in-fol.*

1576.

Excellent Tournoy du vaillant Chevalier de la Racine, Gentilhomme Bourbonois, illustré de plusieurs belles Poësies, tant Italiennes que Françoises, à la louange dudit Chevalier, fait à Turin le 26 du mois de Février 1576. *Lyon, Benoist Rigaud,* 1576. *in-8°.*

1582.

Ballet comique de la Royne, fait aux nopces de M. le Duc de Joyeuse avec Mademoiselle de Vaudemont, sa sœur, par Balthazar de Beaujoyeux, Valet-de-Chambre du Roi, & de la Royne, sa mere. *Paris, Adrian le Roi, Robert Ballard & Mamert Patisson,* 1582. *in-4°. avec fig.*

Le même, *voyez* le vol. int. RECUEIL DES PLUS EXCELLENS BALLETS DE CE TEMS, 1612. *in-8°.*

1588.

Le solemnel Baptême de Monseigneur le Prince de Piedmont Philipe-Emanuel, fils aîné des Sereniſſimes Prince Charles-Emanuel Duc de Savoye, & Catherine d'Autriche Infante d'Espagne, célébré à Turin le 12 Mai 1587. traduit de l'Italien de Dominique Filibert, fils du Seigneur Augustin Buxi, orateur & premier lecteur de S. A. *Turin, Ant. de Bianchi,* 1588. *in-*4°. L'ORIGINAL EN ITALIEN SE TROUVE A LA FIN.

1592.

Le Ballet des Chevaliers François & Bearnois, représenté devant Madame à Pau le 23 Aoust 1592. *in-*4°. *Voyez* à l'année suivante, BALLETS REPRÉSENTÉS DEVANT LE ROI A LA VENUE DE MADAME A TOURS, 1593. *in-*4°.

1593.

Ballets représentés devant le Roi à la venue de Madame à Tours en 1593. *Tours, Jamet Metayer*, 1593. *in-*4°.

<small>On trouve trois Ballets dans ce volume, Sçavoir.</small>

<small>Le Ballet de Madame,</small>

<small>Celui de Madame de Rohan,</small>

<small>Et celui des Chevaliers François & Bearnois, en 1592. cité ci-dessus.</small>

1595.

Récit d'un Berger sur les alliances de France & d'Espagne, fait devant Leurs Majestés, au Ballet de Madame, par Malherbe, 1595. *in-*4°.

L'entrée de très-Grand, très-Chrétien, très-Magnanime & Victorieux Prince Henri IV. Roi de France & de Navarre, en sa bonne Ville de Lyon, le 4 Septembre l'an 1595. de son Regne le sept, de son âge le 42, contenant l'ordre & la description des magnificences dressées pour cette occasion, par l'ordonnance de Messieurs les Consuls & Echevins de ladite Ville. *Lyon, Pierre-Michel,* 1595. *in-*4°.

1600.

L'Entrée de très-Grande, très-Chrétiene & très-Auguste Princesse Marie de Medicis, Reine de France & de Navarre, en la Ville de Lyon, le 3 Décembre 1600. *Lyon, Thibaud Ancelin,* 1600. *in-*8°.

1605.

Ballet en langage foresien de trois Bergers & trois Bergeres, se gauffans des Amoureux qui nomment leurs Maitresses, leur doux souvenir, leur belle pensée, leur lys, leur œillet, &c. à six personnages, par Marcellin Allard, 1605. *in-*8°. *Voyez le vol. int.* LA GAZETTE FRANÇOISE *par ledit Marcellin Allard.*

1610.

Ballet de Monseigneur le Duc de Vendosme, dansé lui douziéme en la Ville de

Paris, dans la Grande Salle du Louvre, puis en celle de l'Arsenal le 17 & 18 Janvier. *Paris, Jean de Heuqueville*, 1610. *in-8°.*

Vers du Ballet de Monseigneur le Dauphin, par le Sieur Motin, dansé en 1610. *Mss. Original de la main de l'Auteur.*

1612.

Le Camp de la Place Royale, ou Relation de ce qui s'est passé les 5, 6 & 7ᵉ jour d'Avril 1612. pour la publication des Mariages du Roi & de Madame, avec l Infante & le Prince d'Espagne. *Paris, Jean Micard & Toussaint du Bray*, 1612. *in-4°.*

Ce volume contient.

Cause & Sujet de ces Courses,
Palais de la Félicité,
Place Royale.

Premiere journée.

Disposition du Camp,
Entrée des Tenans,
Entrée des Chevaliers du Soleil,
Entrée des Chevaliers du Lys,
Entrée des Amadis,
Entrée du Persée François,
Courses du premier jour.

Deuxiéme journée.

Entrée des Chevaliers de la Fidélité,
Entrée du Chevalier du Phœnix,
Entrée des Quatre-Vents,

Entrée des Nymphes de Diane,
Entrée des Chevaliers de l'Univers,
Entrée des Illuftres Romains,
Courfes du fecond jour, & retraite du Camp.

Troifiéme journée.

Courfes de Bague,
Feux d'Artifice.

On trouve encore dans ce même Volume.

Le refte des Vers faits pour ces Courfes, & comme ils furent donnés au Camp.

Le même. *Paris, Micard,* 1612. *in-8°.*
On trouve de plus dans ce dernier,

Satyre des Dames contre les Chevaliers du Caroufel, par M. A. D. R. avec la réponfe des Chevaliers aux Dames par J.. B.. L.. C.. 1612. *in-8°.*

Recueil des Cartels publiés ès préfences de Leurs Majeftés, en la Place Royale, les 5, 6 & 7ᵉ d'Avril 1612. *Paris, Micard,* 1612. *in-8°.*

Nota. C'eft le même Ouvrage que les deux précédens, excepté que celui-ci eft beaucoup moins ample, & qu'il ne contient prefque que les Vers qui ont été ou chantés ou récités, au lieu qu'on trouve dans les autres la relation en profe des différens objets de ce Ballet.

Le grand Bal de la Reine Marguerite, fait devant le Roi, la Reine & Madame, le 26 Août 1612. en faveur de M. le Duc de Paftrana, Ambaffadeur Extraordinaire pour les Alliances

ET OPERA. 49

Alliances de France & d'Espagne. *Paris, Jean Nigaut*, 1612. *in-8°.*

Recueil des plus excellens Ballets de ce tems. *Paris, Toussaint du Bray*, 1612. *in-8°.*

Ce Volume contient.
Le Ballet de l'Amour désarmé,
Le Ballet des Suppléeurs,
Le Ballet du Courtisan,
Le Ballet des Matrones,
Le vrai Récit du Ballet des Matrones,
Récit du Ballet des Singes,
Le Ballet des Sécretaires de Saint Innocent,
Le Ballet des Gentilhommes champêtres habillés à l'antique,
Dessein du Ballet de Monseigneur de Vendôme,
Récit du Ballet de la Foire S. Germain.
Ballet Comique de la Reine.

Le Ballet d'Amour, à Messieurs les Courtisans, *pag.* 18.

La Nymphe de Seine, *pag.* 20.

La Douce Captivité, Ballet, *pag.* 52.

Ces trois Ballets se trouvent dans le vol. int. le Parisis de C. de Courbes, présenté au Roi. *Paris, Blanvilain*, 1613. *in-8°.*

1614.

Ballet des Argonautes, où étoit représenté Guelindon dans une caisse comme venant de Provence, & Robinette dans une gaîne, comme étant de Chatellerault, exécuté le 23

G

Janvier 1614. *Paris, Fleury Bourrinquant,* 1614. *in-8°.*

Vers divers sur le Ballet des dix Verds, avec les chansons qui y ont été chantées au Louvre devant le Roi & la Reine, ce 30 Janvier 1614. *Paris, Fleury Bourrinquant,* 1614. *in-8°.*

1615.

Description du Ballet dansé par des Cavaliers François, envoyée à un Seigneur de la Cour ; ce Ballet fut dansé la nuit du 2 Mars 1615, dans la salle du Palais de Saint Marc, *in-8°.*

Description du Ballet de Madame, sœur aînée du Roi. *Paris, Jean Sara,* 1616. *in-4°.*

Nota. *Le sujet de ce Ballet est le Triomphe de Minerve, il fut dansé par Madame avant son départ pour l'Espagne. Il est de la composition du sieur Durand ; mais comme le tems de l'exécution pressoit, il fut aidé par les sieurs Malherbe & Bordier ; le premier a fait le Récit du Berger, qui commence par ces mots :* Houlette de Louis; *& le dernier, les vers pour les Sibilles au Roi & à la Reine.*

Les Oracles François, ou Explication allégorique du Ballet de Madame, sœur aînée du Roi ; ensemble les Parallèles de son Altesse avec la Minerve des Anciens, & le Parnasse royal sur le même sujet, *par Elie Garel. Paris, Pierre Chevalier,* 1615. *in-8°.*

On trouve dans cet Ouvrage.

Le Ballet des Ardens.
Le Ballet des Sibilles.
Le Ballet des Machlyenes ou Androgines.
Le Ballet des Bergers.
Le Ballet des Tritonides.
Parallèles de Madame, sœur du Roi, avec Minerve.

Vers ladite année 1615.

Le Recueil des Ballets qui ont été joués devant la Majesté du Roi, avec les personnages qui auroient présenté aux Dames leurs airs, billets, dictons, vers & chants royaux. Par P. B. S. D. V. Historiographe du Roi, représenté le 22 de Janvier, *in*-8°.

Les Personnages de ce Ballet sont,

Le Commissaire.
Le Plaisant.
Le Soldat.
L'Esclave.
L'Emouleux.
Le Paysan.
Le Jardinier.
Le Charlatan.
L'Indien.
L'Escroqueur.
Le Fol.
L'Asne.
Le Serviteur.
Le Sergent.
Le Courtisan.
Le Maquereau.
La Putain.
Le Sot.
Le Verrier.
Le Valet de la Feste.
L'Assistant.
Le Page.
L'Hermaphrodite.
Le Herpignot.

Ce Ballet qui est le premier, fut joué dedans le Louvre.

Le deuxieme fut commencé à trois heures du matin, à l'Hôtel de M. Scaron.

Le troisieme fut joué à l'Arsenal tout de même.

Nota. Je n'ai dans mon Exemplaire que l'Indication de ces deux derniers Ballets, je ne les ai jamais vû, & j'ignore s'ils ont été imprimés ; le premier dont j'ai donné la liste des Acteurs, est fort singulier, & fort ridicule.

1617.

Discours au vrai du Ballet dansé par le Roi le 29 Janvier 1617. (C'est la Délivrance de Renaud,) avec les Desseins tant des machines & apparences différentes, que de tous les habits des masques. *Paris, Pierre Ballard,* 1617. *in*-4°.

Vers pour le Ballet du Roi, représentant les Chevaliers de la Terre-Sainte, avec les Aventures de Renaud & d'Armide. *Paris, Jean Sara,* 1617. *in*-4°.

1618.

Vers pour le Ballet de la Reine, représentant la Beauté & ses Nymphes ; par le Sieur Hedelin. *Paris, Jean Sara,* 1618. *in*-4°.

Vers pour le Ballet du Roi, représentant la Furie de Roland ; les Vers sont du Sieur Bordier. *Paris, Jean Sara,* 1618. *in*-4°.

1619.

Vers pour le Ballet du Roi, représentant les Adventures de Tancrede en la Forêt enchantée, par le Sieur Bordier. *Paris, Jean Sara*, 1619. *in*-4°.

Les mêmes, *idem, in*-8°.

Relation du grand Ballet du Roi, dansé dans la Salle du Louvre le 12 Février 1619, sur l'adventure de Tancrede en la Forêt enchantée, par le Sieur Gramont. *Paris, Jean Sara*, 1619. *in*-8°.

Discours du Ballet de la Reine, tiré de la Fable de Psiché, avec les vers, par Scipion de Gramont. *Paris, Jean Sara*, 1619. *in*-8°.

1620.

Les Chercheurs de Midi à Quatorze heures, Ballet dansé au Louvre en présence de S. M. le 29 Janvier 1620. *Paris, Jean Berion*, 1620. *in*-12.

Ballet dansé en la présence du Roi, Princes & Seigneurs de sa Cour, en la Ville de Bordeaux, au Château Trompette, le 27 Septembre 1620. *Paris, Nicolas Alexandre*, 1620. *in*-8°.

Ballet de l'Amour de ce Temps, représenté par les Enfans-Sans-Souci aux Dames. *Paris, Antoine Bourriquant*, 1620. *in*-8°.

Ballet de M. le Prince, Récit de la Volupté qui amene des débauchés; les vers sont du Sieur Bordier. *Paris, Pierre Auvray*, 1620. *in*-8°.

1621.

Sujet du Ballet du Roi, fait dans la Salle du Petit-Bourbon, le 19 Février 1621. *Paris, Rousset*, 1621. *in-8°.*

Ballet du Soleil pour la Reine, représenté en la Salle de Bourbon, le premier Mars. *Paris, Rousset*, 1621. *in-8°.*

Grand Ballet de la Reine, représentant le Soleil, dansé en la Salle du Petit-Bourbon, en l'année 1621. *Paris, René Giffart*, 1621. *in-8°.* Les Vers sont du Sieur Bordier.

Vers pour le Ballet d'Apollon, que le Roi a dansé en l'année 1621. *Paris, René Giffart*, 1621. *in-8°.*

1622.

Ballet de Monseigneur le Prince, donné au Louvre le jour du Carnaval de la présente année 1621. *Paris, M. Gobert*, 1622. *in-8°.*

Le Soleil au signe du Lion, d'où quelques parallèles sont tirés, avec le très-Chrétien, très-Juste & très-Victorieux Monarque, Louis XIII. Roi de France & de Navarre, en son entrée triomphante dans sa Ville de Lyon, ensemble un sommaire récit de tout ce qui s'est passé de remarquable en ladite entrée de Sa Majesté, & de la plus illustre Princesse de la terre, Anne d'Autriche, Reine de France

& de Navarre, dans ladite Ville de Lyon le 11 Décembre 1622. *Lyon, Jean Jullieron, 1623. in-fol.*

On trouve dans ce même Volume.

Reception de très Chrétien, très-Juste & très-Victorieux Monarque Louis XIII. Roi de France & de Navarre, premier Comte & Chanoine de Lyon, & de très-Chrétienne, très-Auguste & très-vertueuse Reine, Anne d'Autriche, par Messieurs les Doyens, Chanoines & Comtes de Lyon, en leur Cloître & Eglise, le 11 Décembre 1622. *Lyon, Jacques Roussin, 1623. in-fol.*

1623.

Vers pour le Ballet du Roi, représentant les Bacchanales, dansé par Sa Majesté le 26 Février 1623. par le Sieur Bordier. *Paris, Jean Sara, 1623. in-4°.*

Le grand Ballet de la Reine, ou les Fêtes de Junon la Nopciere, dansé au Louvre le 5 Mars 1623. Les paroles sont du Sr de Boisrobert. *Paris, René Giffart, 1623. in-8°.*

Nota. *Boisrobert dit dans la premiere page :* « parce que les Anciens ont fait trois Fêtes remarquables, à l'honneur de Junon la Nopciere, celle de l'Isle de Samos, les Lupercales, & celles d'Elide ; nous en célébrerons la mémoire, par trois Musiques & trois Ballets, entremêlés de diverses Entrées, afin que le tout ensemble en fasse mieux recognoître les cérémonies. »

1624.

Vers pour le Ballet des Voleurs, danſé par le Roi en la Grande Salle du Louvre le 20 Février 1624. par le Sieur Bordier. *Paris, Jean Sara*, 1624. *in-*4°.

Le Ballet de la Reine, danſé par les Nimphes des Jardins, en la Grande Salle du Louvre, au mois de Février 1624. *Paris, Jehan de Bordeaux*, 1624. *in-*8°.

1625.

Les Fées des Forêts de Saint-Germain, ſujet du Ballet, danſé par Sa Majeſté, le 11 Février 1625. par le Sieur Bordier. *Paris, René Giffart*, 1625. *in-*4°.

Le Ballet du Monde-Renverſé, 1625. *in-fol.*

1626.

Grand Bal de la Douairiere de Billebahaut, Ballet danſé par le Roi au mois de Février 1626. les vers ſont du Sieur Bordier. *Paris, Mathurin Henault*, 1626. *in-*8°.

Vers pour le Ballet des Ballets. *Paris, Claude Hulpeau*, 1626. *in-*4°.

Vers du Ballet de Monſieur, Frere du Roi, par le Sieur Triſtan, 1626. *in-*4°.

Le Ballet du Naufrage heureux, danſé au Louvre

Louvre devant Sa Majesté, par le Sieur de l'Estoille. *Paris, Nicolas Callemont*, 1626. *in-*4°.

Vers du Ballet de la Tromperie, représenté devant le Roi. *Paris, Mathurin Henault*, 1626. *in-*4°.

1627.

Le Ballet des Quolibets, dansé au Louvre & à la Maison-de-Ville, par Monseigneur, frere du Roi, le 4 Février 1627. composé par le Sieur de Sigongues. *Paris, Augustin Courbé & Antoine de Sommaville*, 1627. *in-*8°.

Ballet de la Débauche des Garçons de Chevilli & des Filles de Montrouge, dansé le 9 Février 1627. *Paris, Jacques Dugaast*, 1627. *in-*4°.

Le Ballet du Landi, dansé au Louvre devant Sa Majesté le 10 Février 1627. *Paris, Jean Bessin*, 1627. *in-*8°.

Entrée magnifique de Bacchus, avec Madame Dimanche Grasse sa femme, faite en la Ville de Lyon, le 14 Février 1627. *iu-*4°.

Le Sérieux & le Grotesque, Ballet dansé par le Roi, en la Salle du Louvre, le 26 Février 1627. Les vers sont du Sieur Bordier. *Imprimerie Royale*, 1627. *in-*4°.

Le même, avec quelques légeres différences. *Pari, Mathurin Henault*, 1627. *in-*8°.

Le Sérieux & le Grotesque. *Paris, Mathurin Henault*, 1627. C'EST LE PROGRAMME DES BALLETS DANSÉS DANS LE BALLET CI-DESSUS, SOUS LE MÊME TITRE.

Vers sur le sujet du Ballet du Roi, par le Sieur de l'Estoille. *Paris, Mathurin Henault*, 1627. *in-8°.*

Nota. *C'est sur le Ballet précedent du Sérieux & du Grotesque.*

Combat à la Barriere, fait en Cour de Lorraine, le 14 Février, en l'année présente 1627. représenté par les Discours & Poësies de Henri Humbert, enrichi des figures du Sr Jacques Callot, dédié par une Epître en prose du Sieur Callot, & par une en vers du Sieur Humbert, à Madame la Duchesse de Chevreuse *Nancy, Sebastien Philipe*, 1627. *in-4°.*

Le Ballet des Fols aux Dames, dansé au Marest du Temple, 1627 *in-8°.*

Les Nimphes Bocageres de la Forest sacrée, Ballet dansé par la Reine en la Salle du Louvre. Les paroles sont de Boisrobert. *Paris, Mathurin Henault*, 1627. *in-8°.*

Vers pour Monsieur le Marquis de Poyanne, représentant un Rouge & Bontemps qui réveille Guillot le Songeur, par M. de l'Estoille, 1627. *in-fol.*

Vers pour M. le Marquis de Coalin, représentant un Matelot, idem, *idem.*

Nota. *Ces deux articles sont dans le même cahier, & ont été faits pour le Ballet de Monsieur.*

Les mêmes, *in-4°*.

1628.

Le Ballet des Andouilles, porté en guise de Momon, 1628. *in-8°*.

Ballet des Bergers célestes & Bouffonnerie des Filoux. *Paris, Nicolas Callemont,* 1628. *in-4°*.

Le Ballet de l'Inclination, 1628. *in-4°*.

1631.

Ballet du Bureau de Rencontre, dansé au Louvre devant Sa Majesté, divisé en quatorze entrées. *Paris, Julian Jacquin,* 1631. *in-8°*.

Remerciment du Maître du Bureau d'Adresse à ceux qui dansent son Ballet, *in-4°*.

Ballet de l'Extravagant. *Paris,* 1631. *in-4°*.

1632.

Le retour de Bontemps, dédié à Monseigneur le Prince, & représenté à son entrée par l'Infanterie Dijonoise, le 3 Octobre 1632. *Dijon, Claude Guyot,* 1632. *in-4°*.

Nota. *Cette Piece est à plusieurs Personnages, sans distinction d'Actes ni de Scénes, & tient plus du Ballet que de tout autre Ouvrage Dramatique, sur-tout ayant été composé pour l'entrée du Gouverneur de la Province dans la Capitale.*

Le Ballet de l'Harmonie à vingt entrées, présenté au Roi pour être dansé le 14 Décembre 1632. & les trois jours suivans, à deux heures précisément, au Jeu de Paume du Petit-Louvre, au Mareſt du Temple. *Paris, Pierre Chenault*, 1632. *in-8°.*

Le grand Ballet des Effets de la Nature, préſenté au Roi, qui doit être danſé le 27 Décembre 1632. & les trois jours ſuivans, à trois heures préciſément au Jeu de Paume du Petit-Louvre, au Mareſt du Temple. Les paroles ſont du Sieur Colletet. *Paris, Jean Martin*, 1632. *in-8°.*

1633.

Ballet des Cinq-Sens-de-Nature, ſeconde partie du Ballet des Effets de la Nature, ou des Sept Planettes, qui ſe danſera au Jeu de Paume du Petit-Louvre, au Mareſt du Temple. Les paroles ſont du Sieur Colletet. *Paris, Pierre Rocolet*, 1633. *in-8°.*

Le même ſous le ſeul titre de … Ballet des Cinq-Sens-de-Nature, qui doit être danſé le Lundi 10 Janvier 1633. *Paris, Pierre Rocolet*, 1633. *in-8°.*

Ballet du Corbillas, 1633. *in-4°.*

Ballet du Grand Demogorgon, qui ſe danſera au Jeu de Paume du Petit-Louvre, au Mareſt du Temple, dédié à la Reine, par une Epître ſignée Ceſar de Grand-Pré, avec une Préface. *Paris, Pierre Chenault*, 1633. *in-8°.*

Ballet de la Vallée de Misere, dansé devant la Reine, & en présence de Monseigneur l'Eminentissime Cardinal Duc de Richelieu, à l'Arcenal en 1633. *Paris, Michel Blageart,* 1634. *in-*4°.

1635.

Le Ballet des Triomphes, dansé par le Roi en la Salle du Louvre, le 18 & 20 Février 1635. Les paroles sont du Sieur Bordier. *Paris, Robert Sara,* 1635. *in-*4°.

Le Ballet du Roi, où la Vieille-Cour & les Habitans des rives de la Seine, viennent danser pour les Triomphes de Sa Majesté, exécuté le 18 & 20 Février 1635. *Paris, du Bureau d'Adresse,* 1635. *in-*4°.

Le Ballet de la Marine, dansé devant Leurs Majestés à l'Arsenal, le 25 Février 1635. *Paris, Antoine de Sommaville,* 1635. *in-*4°. Auquel tout ce que l'Antiquité appelloit Dieux et Déesses de la mer, et les Nations les plus reculées au-delà de cet élément, viennent adorer, sous des noms feints, les véritables conquêtes de Sa Majesté.

Sujet du Ballet des Quatre Monarchies Chrétiennes, dansé au Louvre devant le Roi, la Reine, Monsieur, & toute la Cour, le 27 Février & le 6 Mars 1635. par Mademoiselle. *Paris, Jean Martin,* 1640. *in-*4°.

Ballet de la Merlaison à seize entrées, dansé par Sa Majesté au Château de Chantilli, le 15 Mars 1635. *Paris, Jean Martin*, 1635. *in-*4°.

Vers du Ballet des Mousquetaires du Roi, représentant le Carnaval mort, & ressuscité par Bacchus. *Paris, Mathieu Colombel*, 1635. *in-*4°.

1636.

Le Ballet des Improvistes à vingt-six entrées, dansé par le Roi en la Salle du Louvre le 12 Février 1636. *Paris, Robert Sara*, 1636. *in-*4°.

Ballet des deux Magiciens à vingt-neuf entrées, dansé à l'Arsenal le 2 Mars 1636. *Paris, David Chambellan*, 1636. *in-*4°.

Vers 1636.

Vers pour le Ballet du Roi, représentant les Comédiens Italiens, par le Sr Bordier, *in-*4°.

1637.

Vers du Ballet de l'Isle Louvier. *Paris, Antoine Etienne*, 1637. *in-*4°.

1638.

Ballet du Mariage de Pierre de Provence & de la Belle Maguelonne, dansé par S. A. R.

dans la Ville de Tours, le 21 en son Hôtel & le 23 en la Salle du Palais. *Paris, Cardin Besogne*, 1638. *in-8°.*

Le même, (MAIS AVEC BEAUCOUP DE CHANGEMENT) 1638. *in-4°.*

Divertissement du Carnaval en Carême. *Paris*, 1638. *in-4°.*

Vers du Ballet du Mail de l'Arsenal, par le Sieur Dolet, 1638. *in-4°.*

Le Grand Ballet de Monsieur, frere unique du Roi, dansé devant Sa Majesté & devant Monseigneur l'Eminentissime Cardinal Duc de Richelieu. *Paris, Robert Quinet,* 1638. *in-8°.*

1639.

Ballet de la Félicité sur le sujet de l'heureuse naissance de Monseigneur le Dauphin, dansé à Saint Germain le 17 Février, à l'Hôtel de Richelieu le 8 Mars, & le 17 à la Maison-de-Ville, *in-4°.*

Nota. *Ce Ballet est imprimé dans le Recueil des Gazettes, année* 1639. *n°.* 30. *pag.* 137.

La Comédie jouée devant la Reine, & en présence de Monseigneur le Cardinal de Richelieu, & devant les Princes & Princesses & Dames de la Cour, & de Messieurs les Généraux, & Jean de Wert, Erkenfort & Dom Pedro de Leon, prisonniers de guerre, joué dans l'Hôtel de Richelieu, & composé par M. Desmarets, *in-4°*. IL N'Y A QU'UN PROGRAMME TRÈS-COURT DE CETTE CO-MÉDIE.

Ballet des Réjouissances faites à Paris à la naissance de Monseigneur le Dauphin. *Paris, Antoine Coulon*, 1639. *in-4°*.

1640.

Ballet du Triomphe de la Beauté, par le Sieur Hedelin, à trente-deux entrées, 1640. *in-4°*. CET OUVRAGE EST EN PROSE.

Vers du Ballet du Triomphe de la Beauté dansé par Mademoiselle, par le Sr Hedelin, 1640. *in-4°*.

Vers 1640.

Le Chariot des Déités à l'honneur de Monseigneur le Prince, par l'Infanterie Dijonoise, *in-4°*.

1641.

Ballet de la prospérité des Armes de la France, en cinq Actes, qui composent trente-six entrées, représenté devant Leurs Majestés au Palais-Cardinal, le 7 Février 1641, *in-4°*.

1645.

Ballet de l'Oracle de la Sybille de Panzourt, dansé au Palais Royal & à l'Hôtel de Luxem-

Luxembourg. *Paris, Jean Beffin,* 1645. *in-*4°.

Nota. *Parmi les Ballets sans date, j'en ai deux qui pourroient bien avoir quelque rapport avec celui-ci, sçavoir, celui* int. *Vers du Ballet des Pantagruelistes, in-*4°. *& celui* int. *Ballet de la Vénérable Sibille de Panzoust de Rabelais, in-*4°.

1646.

Ballet des Demandeurs de vin de Saint Martin, à dix entrées & un Ballet général. *Chartres, Simphorien Cottereau,* 1646. *in-*4°.

1647.

Orphée, Tragi-Comédie, Opera en trois Actes & un Prologue. *Paris, Sebastien Cramoisi, in-*4°.

Nota. *Je n'ai que l'argument de cette Tragi-Comédie qui étoit en Musique & en Vers Italiens, & qui fut représentée devant Leurs Majestés le 5 Mars 1647. avec les merveilleux changemens de Théâtre, les Machines & autres Inventions jusqu'à présent inconnues à la France; je ne connois ni l'Auteur de la Musique, ni celui des Paroles.*

1648.

Ballet du Déréglement des Passions en trois parties,

La premiere, Le Déréglement de l'intérêt.
La deuxiéme, Celui de l'Amour.
La troisiéme, Celui de la Passion d'acquérir de la gloire.

dansé devant Leurs Majestés au Palais-Cardinal, le 23 Janvier 1648. Les paroles sont du Sr Berthaud, frere de Madame de Motteville. *Paris*, 1648. *in-*4°.

1649.

Les divers entretiens de la Fontaine de Vaucluse, Ballet dansé en la grande Salle du Roure, dédié à M. le Vice-Legat. *Avignon, Jacques Bramereau*, 1649. *in-*4°.

Le Grand Ballet, ou le Bransle de Sortie, dansé sur le Théâtre de la France par le Cardinal Mazarin, & par toute la suite des Cardinalistes & Mazarinistes, par le Sieur de Carigni. *Basle, en la Boutique de Maître Persone, in-*4°.

Ballet ridicule des Nieces de Mazarin, ou leur Théâtre renversé en France, par le Sr de Carigni. *Paris, François Musnier*, 1649. *in-*4°.

Ballet dansé devant le Roi & la Reine Régente sa mere, par le Trio Mazarinique, pour dire adieu à la France, en vers burlesque & à six entrées.

La premiere, De Mazarin, vendeur de Baume.
La deuxiéme, Ses deux Nieces, deux Danseuses de corde.
La troisiéme, Les Partisans, Arracheurs de dents.
La quatriéme, Mazarin, Crieur d'oublie.
La cinquiéme, La Grande Niece, Maquerelle, la Petite Garce.
La sixiéme, Les Partisans, Leveurs de manteaux.

ET OPERA. 67

Cet Ouvrage finit par un grand Ballet, int.

Le Trio Mazarinique repréſentant les Figures des ſept Planettes.

Nota. *Ces trois derniers Ballets n'ont jamais été repréſentés, ce ſont de ces Pieces du temps connues ſous le nom de Mazarinades, c'eſt-à-dire des Satyres ſanglantes contre le Cardinal Mazarin. On avoit donné à ces trois-ci, le titre* DE BALLET.

1650.

Les Amours d'Apollon & de Daphné, compoſé en muſique, en trois Actes, en vers & un prologue, par le Sr d'Aſſouci. *Paris, Antoine Raflé, in-8°.*

Nota. *J'ignore ſi cette Piece a été miſe en muſique.*

1651.

Maſcarade en forme de Ballet, danſé par le Roi au Palais-Cardinal, le 26 Février 1651. *in-4°.*

Nota. *C'eſt là le premier titre de ce Ballet, le deuxiéme qui eſt le véritable eſt,*

Le Ballet de Caſſandre diviſé en quinze entrées. Les paroles ſont de Benſerade.

Nota. *C'eſt le premier Ballet au Palais-Cardinal, dans lequel le Roi ait danſé.*

Le même, *voyez* le deuxiéme volume des Œuvres de Benſerade, *pag. 3.*

Ballet du Roi des Fêtes de Bacchus en trente entrées, danſé par Sa Majeſté au Palais-

I ij

Cardinal, le 2 Mai 1651. *Paris, Robert Ballard*, 1651. *in*-4°.

On trouve à la fin une entrée de deux Coquettes qui fut supprimée.

1653.

Ballet Royal de la Nuit, divisé en quatre parties, ou quatre Veilles, dansé par Sa Majesté, le 23 Février 1653.

La premiere est, Le Soleil couchant *en quatorze entrées*.
La deuxiéme, Le soir jusqu'à minuit *en six entrées*.
La troisiéme, Depuis minuit jusqu'à trois heures du matin, *en treize entrées*.
La quatriéme, Depuis trois heures du matin jusqu'au lever du Soleil, *en dix entrées*.

Les paroles sont de Benserade. *Paris, Robert Ballard*, 1653. *in*-4°.

Le même, *voyez* le 2e vol. des Œuvres de Benserade, *pag.* 14.

1654.

Ballet des Proverbes à onze entrées, dansé par Sa Majesté le 17 Février 1654. Les paroles sont de Benserade. *Paris, Robert Ballard*, 1654. *in*-4°.

Le même, *voyez* le 2e vol. des Œuvres de Benserade, *pag.* 101.

Ballet du Tems à onze entrées, dansé par le Roi le dernier Novembre 1654. Les paroles sont de Benserade. *Paris, Robert Ballard*, 1654. *in*-4°.

Le même, *voyez* le 2ᵉ volume des Œuvres de Benferade, *pag.* 111.

Les nopces de Pelée & de Thetis, Com. op. en trois actes en vers & un prologue, traduction *de Nozze di Peleo e di Theti*, Com. en mufique. *Paris, Robert Ballard*, 1654. *in-*4°. L'original en Italien se trouve a costé de la traduction françoise.

Les nopces de Pelée & de Thetis, Ballet à dix entrées, danfé par Sa Majefté, & exécuté dans la com. op. ci-deffus citée. Les paroles de ce Ballet font de Benferade. *Paris, Robert Ballard*, 1654. *in-*4°.

Le même, *voyez* le 2ᵉ vol. des Œuvres de Benferade, *pag.* 72.

1655.

Ballet des Plaifirs, danfé par Sa Majefté le 4 Février 1655. divifé en deux parties, la premiere contient les Délices de la campagne, & la 2ᵉ les Divertiffemens de la Ville. Les paroles font de Benferade. *Paris, Robert Ballard*, 1655. *in-*4°.

Le même, *voyez* le 2ᵉ vol. des Œuvres de Benferade, *pag.* 116.

Le grand Ballet des Bienvenus, par Benferade, danfé à Compiegne le 30 Mai 1655. par ordre exprès du Roi aux nopces de Mademoiselle Martinozzi, avec le fils du Duc de Modene, *in-4°*.

Le même, *voyez* le 2ᵉ vol. des Œuvres de Benserade, *pag.* 113.

Ballet de la Fortune à dix entrées. *Clermont, Nicolas Jacquard*, 1655. *in-4°*.

Ballet des incompatibles à huit entrées, dansé à Montpellier, devant Monseigneur le Prince & Madame la Princesse de Conti. *Montpellier, Daniel Pech*, 1655. *in-4°*.

1656.

Ballet de Psiché, ou de la Puissance de l'Amour, en deux parties, dansé par Sa Majesté au Louvre, le 16 Janvier 1656. Les paroles sont de Benserade. *Paris, Robert Ballard*, 1656. *in-4°*.

Le même, *voyez* le 2ᵉ vol. des Œuvres de Benserade, *pag.* 142.

La Galanterie du Temps, Mascarade à dix entrées, dansé par le Roi au Louvre, le 19 Février 1656.

Relation de ce qui s'est passé à l'arrivée de la Reine Christine de Suede à Essaune, en la maison de M. Hesselin; ensemble la description particuliere du Ballet qui y a été dansé le 6 Septembre 1656. *Paris, Robert Ballard*, 1656. *in-4°*.

1657.

Amour malade, Ballet du Roi à dix entrées, dansé par Sa Majesté le 17 Janvier 1675. Les paroles sont de Benserade. *Paris, Robert Ballard*, 1657. *in-4°.*

Le même, *voyez* le 2ᵉ vol. des Œuvres de Benserade, *pag.* 173.

Deux grands Médecins, le Temps & le Dépit, après une petite consultation qu'ils font sur la maladie dont Amour est affligé, en présence de la Raison qui lui sert de garde, ordonnent pour remede le Divertissement d'un Ballet facétieux, divisé en dix entrées, comme en autant de prises, après chacune desquelles l'un de ses Consultans chante quelques vers; le Ballet achevé, Amour confesse aussi-tôt le soulagement qu'il en a reçu.

> *Premiere entrée.* Le Divertissement avec quelques-uns de ses Suivans, composent une musique d'instrumens.
>
> *Deuxiéme.* Deux Astrologues poursuivis, chacun par son propre malheur, tâchent en vain par le moyen de leur art d'atraper le bonheur.
>
> *Troisiéme.* Deux Chercheurs de thrésors sont joués par deux Esprits folets, & enfin rudement battus par quatre Démons.
>
> *Quatriéme.* Quatre braves Galans se battent, pour une querelle arrivée en la conversation qu'ils ont eue avec deux Coquettes.
>
> *Cinquiéme.* Onze Docteurs reçoivent un Docteur en ânerie

qui pour mériter cet honneur, soutient des thefes, dédiées à Scaramouche.

Sixiéme. Huit Chaffeurs vont à la chaffe avec des tambours.

Septiéme. Deux Alchimiftes veulent changer le mercure en argent, & le fuccès imprévu de cette entreprife, donne occafion à fix Mercures qui paroiffent de fe mocquer d'eux.

Huitiéme. Six Indiens & fix Indiennes bafannés, portent des parafols pour fe défendre du hâle.

Neuviéme. Jean Doucet & fon frere, veulent tromper quatre Bohemiennes.

Dixiéme. Une Nopce de Village.

1657.

Les Plaifirs troublés, Mafcarade en deux parties, danfée devant le Roi, en la Grande Salle du Louvre, par M. le Duc de Guife, le 12 Février 1657. *Paris, Robert Ballard*, 1657. *in*-4°.

Le Ballet des Couleurs, *in*-8°.

Nota. *Ce Ballet fe trouve page* 33. *du vol. int.* l'Algouafil Burlefque, *ouvrage en vers du Sieur de Bourneuf.* Paris, Antoine de Sommaville, 1657. in-8°.

1658.

Ballet Royal d'Alcidiane divifé en trois parties, danfé par Sa Majefté le 14 Février 1658. Les paroles font de Benferade. *Paris, Robert Ballard*, 1658. *in*-4°.

Le même, *voyez* le 2ᵉ vol. des Œuvres de Benferade, *pag.* 183.

Baletti d'Inventione nella finta Pazza di Giovan Batt. Balbi, *in-4°. obl*... *vers* 1658.

Cet ouvrage contient trois Ballets, Sçavoir,

Ballet des Singes & des Ours.
Ballet des Autruches.
Ballet des Indiens & des Perroquets.

Nota. *Il n'y a que le Programe en profe françoife de ces trois Ballets, & de très-jolies figures, gravées par Spada, pour les différentes entrées de chacun de ces Ballets.*

L'Autel de Lyon confacré à Louis Augufte, & placé dans le Temple de la Gloire; Ballet divifé en trois parties, dédié à Sa Majefté en fon entrée à Lyon. *Lyon, Jean Molin,* 1658. *in-4°.*

1659.

Ballet de la Raillerie à douze entrées, danfé par Sa Majefté le 19 Février 1659. Les paroles font de Benferade. *Paris, Robert Ballard,* 1659. *in-4°.*

Le même, *voyez* le 2ᵉ vol. des Œuvres de Benferade, *pag.* 207.

Premiere Comédie françoife en mufique, repréfentée en France en cinq actes. Les paroles font du Sieur Perrin. La mufique de Cambert. *Paris, Robert Ballard,* 1659. *in-4°.*

Le même, *in-12. voyez* le vol. int. Œuvres de Perrin.

Nota. *Cette Comédie en mufique, la premiere dans ce genre que* l'on ait vue en France, fut repréſentée pluſieurs fois à Iſſi dans la maiſon de campagne de M. de la Haye, par pluſieurs Particuliers qui en firent tous les frais, la réputation qu'eut ce ſpectacle, juſqu'alors inconnu, excita la curioſité de Leurs Majeſtés, qui deſirerent le voir, il fut exécuté en leur préſence à Vincennes dans l mois d'Avril 1659. Le Cardinal de Mazarin en fut enchanté, & pour encourager Cambert, il lui témoigna avoir envie d'entreprendre avec lui de pareils ouvrages, mais les grandes affaires dont ce Miniſtre étoit chargé, & ſa mort qui arriva en 1661. empêcherent la réuſſite de ce projet.

Chacun fait le métier d'autrui, Ballet danſé à Berni, dans la maiſon du Sieur de Lyonne, pour le divertiſſement de la Reine, le 18 Mai 1659. *Paris, Robert Ballard,* 1659. *in-*4°.

1660.

Xerces, Com. compoſée en muſique & en cinq actes, del Signor Cavalli, avec ſix entrées de Ballets qui ſervent d'intermèdes à la Comédie, repréſentée le 22 Novembre 1660. dans la haute gallerie du Louvre. *Paris, Robert Ballard,* 1660. *in-*4°.

Nota. *Cette Comédie étoit en Italien, j'ignore ſi elle a été traduite en françois, & quel étoit l'Auteur de la Muſique, je ne connois d'imprimé que l'argument de cette piece, il eſt en françois, c'eſt de cet argument que je viens de donner le titre.*

Vers 1660.

Idille en muſique; les paroles du Sieur de Saint-Evremond, *voyez* le 3ᵉ vol. de ſes

Œuvres, *in-12.* édition de Londres 1725. les nôces d'Isabelle, scène en musique, paroles du même, *voyez* le 5ᵉ vol. Prologue en musique, *idem.*

1661.

Ballet Royal de l'Impatience, dansé par le Roi le 19 Février 1661. avec un Prologue & un Epilogue en vers Italiens, traduits en vers françois. Les paroles sont de Benserade. *Paris, Robert Ballard,* 1661. *in-4°.*

Le même, *voyez* le 2ᵉ volume des Œuvres de Benserade, *pag.* 231.

Ballet des Saisons à neuf entrées, dansé à Fontainebleau par Sa Majesté, le 23 Juillet 1661. Les paroles sont de Benserade. *Paris, Robert Ballard,* 1661. *in-4°.*

Le même, *voyez* le 2ᵉ vol. des Œuvres de Benserade, *pag.* 217.

Ballet de la Revente des habits du Ballet & Comédie, dansé devant le Roi, en deux parties. Les paroles sont de Benserade, *in-4°.*

Le même, *voyez* le 2ᵉ volume des Œuvres de Benserade, *pag.* 115.

Desseins de la Toison d'or, Trag. de P. Corneille, représentée par la Troupe royale du Marais, chez M. le Marquis de Sourdeac, en son Château de Neubourg, pour réjouissance publique du mariage du Roi, & de la paix avec l'Espagne. *Imprimé à Rouen & se vend à Paris chez Augustin Courbé, & Guillaume de Luyne*, 1661. *in*-4°.

Le même, *in*-8°. *idem*.

Nota. *Ce n'est simplement que le dessein des machines & des Ballets qui s'exécutoient dans cette Tragédie, avec les vers qui s'y chantoient, la Tragédie se trouve dans le Théatre de P. Corneille.*

1662.

Hercule amoureux, Trag. en cinq Actes & un Prologue, en vers françois, traduite par Camille, de la Tragédie Italienne *int*. Ercole-Amante, avec le texte à côté de la traduction, & représentée dans la Salle Neuve des Thuilleries, le 7 Février 1662. pour les nôces de Leurs Majestés très-Chrétiennes. *Paris, Robert Ballard*, 1662. *in*-4°.

Vers du Ballet Royal, dansé par Leurs Majestés entre les Actes de la grande Tragédie de l'Hercule amoureux, avec la traduction du Prologue & des Argumens de chaque Acte, par Benserade. *Paris, Robert Ballard,* 1662. *in* 4°.

Les mêmes vers, *voyez* le 2ᵉ volume des Œuvres de Benserade, *pag*. 254.

1663.

Ballet des Arts par Benserade, dansé par Sa Majesté le 8 Janvier 1663. en présence des Reines, divisé en sept entrées, sçavoir,

L'Agriculture, La Chasse,
La Navigation, La Chirurgie,
L'Orfévrerie, La Guerre.
La Peinture,

Paris, Robert Ballard, 1663. *in-4°.*

Le même, *voyez* le 2e volume des Œuvres de Benserade, *pag.* 283.

Les Nôces de Village, Mascarade ridicule à treize entrées, dansé par le Roi en son Château de Vincennes, le 3 Octobre 1663. Les paroles sont de Benserade. *Paris, Robert Ballard,* 1663. *in-4°.*

Les mêmes, *voyez* le 2e volume des Œuvres de Benserade, *pag.* 281.

Les Empressemens du Parnasse aux Nôces de S. A. R. de Savoye, & de Mademoiselle de Valois, à M. le Marquis de Pianesse, par R.. D.. Y.. *Lyon, Pierre Guillaume,* 1663. *in-4°.*

1664.

Le Mariage forcé, Ballet du Roi, dansé au Louvre par Sa Majesté, le 29 Janvier 1664. Les vers sont de Moliere. *Paris, Robert Ballard,* 1664. *in-4°.*

Nota. *Ce Ballet fut exécuté à la suite du mariage forcé, Comédie en un acte en prose du même Auteur, qui se trouve dans ses Œuvres, il n'y a ici que les vers du divertissement.*

Les Amours déguisés, Ballet à quatorze entrées par Benserade, dansé par Sa Majesté au mois de Février 1664. *Paris, Robert Ballard,* 1664. *in-*4°.

Le même, *voyez* le 2ᵉ volume des Œuvres de Benserade, *pag.* 300.

Les Plaisirs de l'Isle enchantée, Fête donnée par le Roi à Versailles, le 6 Mai 1664. *Paris, Robert Ballard,* 1664. *in-*4°.

Cet Ouvrage est divisé en trois journées.

La premiere est la Course de Bague ou les Plaisirs de l'Isle enchantée, les vers sont de Benserade.

La deuxiéme, la Princesse d'Elide, com. de Moliere. *On ne trouve ici que les divertissemens & les vers des entre-Actes, la Com. se trouve dans ses Œuvres.*

La troisiéme, le Palais d'Alcine, Ballet à six entrées.

Les mêmes, *voyez* le 2ᵉ volume des Œuvres de Benserade, *pag.* 319.

Les mêmes, *voyez* le 3ᵉ volume des Œuvres de Moliere, *de l'édition in-*4°.

Relation des Divertissemens que le Roi a donnés aux Reines dans le parc de Versailles, écrite à un Gentilhomme, qui est présentement hors de France. *Paris, Claude Barbin,* 1664. *in-*12.

Nota. *Cette Relation est celle de la Fête ci-dessus.*

1665.

Ballet Royal de la naiſſance de Venus, danſé par Sa Majeſté le 26 Janvier 1665. Les paroles ſont de Benſerade. *Paris, Robert Ballard,* 1665. *in*-4°.

Le même, *voyez* le 2ᵉ volume des Œuvres de Benſerade, *pag.* 325.

Ballet des Proverbes à dix-neuf entrées, danſé par S. A. M. le Prince de Vaudemont, le 8 Février 1665. *Nancy, Antoine Claude,* 1665. *in*-4°.

1666.

Le Triomphe de Bacchus dans les Indes, Maſcarade à ſix entrées, danſé devant le Roi à l'Hôtel de Créqui, le 9 Janvier 1666. le jour des fiançailles du Marquis du Roure avec Mademoiſelle d'Artigni. *Paris, Robert Ballard,* 1666. *in*-4°.

Deſſein de la Tragédie des Amours de Jupiter & de Semelé, piece de Boyer, repréſentée ſur le Théâtre royal du Marais, inventé par le Sr Buffequin, Machiniſte. *Paris, Pierre Promé,* 1666. *in*-4°.

Ce n'eſt uniquement que le Programme de la piece & le détail des machines qui y ſervirent, la Tragèdie ſe trouve dans le Théâtre de Boyer.

Le Roi accompagné de Monſieur, de Madame &

de plufieurs Seigneurs de la Cour, alla aux Comédiens du Marais le 11 *Janvier* 1666. *voir la repréfentation des Amours de Jupiter & de Semelé.*

Ballet des Mufes à quatorze entrées, danfé par le Roi en fon Château de Saint Germain-en-Laye, le 2 Décembre 1666. *in*-4°.

Après la troifiéme entrée, on repréfenta une Paftorale comique de Moliere en quinze fcènes, quelques-unes font en vers; il y a le Programme des autres.

Après la fixiéme, on repréfenta une petite Comédie int. LES POETES en fept fcènes, *on n'a que le nom des Acteurs, & l'argument de chaque fcène, avec les vers françois de deux Dialogues efpagnols.*

Après la quatorziéme, on repréfenta le Sicilien, ou l'Amour peintre, Comédie en un acte de Moliere; *on ne trouve dans ce Ballet que l'argument de chaque fcène & les vers des divertiffemens; la Piece fe trouve dans fes Œuvres, c'eft par cette Comédie que finit le Ballet.*

On trouve à la fin, vers fur la perfonne & le perfonnage de ceux qui danfent au Ballet; ces vers font de Benferade.

Le même, *idem.*

Une chofe affez finguliere dans cet exemplaire, qui pour tout le refte eft conforme au précédent, c'eft qu'on n'y n'y trouve pas la quatorziéme entrée, par conséquent qu'il n'y est pas question du Sicilien ; ce n'est pourtant pas une défectuosité, car la reclame y est juste.

Le même, *voyez le 2.ᵉ vol. des Œuvres de Benserade, pag. 357.*

L'on trouve la Pastorale comique dans le quatriéme volume des Œuvres de Moliere, de l'édition in-4°. elle est la même que dans le Ballet.

1667.

Paroles de musique pour le concert de la Chambre de la musique de la Reine pour des airs, dialogues, récits, pieces de concert & chansonnettes. Les paroles sont du Sr Perrin, la musique de Boesset. *Paris, Denis Pellé, 1667. in-4°.*

1668.

Le Carnaval, Mascarade royale à sept entrées, par Benserade, dansé par Sa Majesté le 18 Janvier 1668. *Paris, Robert Ballard, 1668. in-4°.*

Cette Mascarade commence par un récit du Carnaval.

Premiere entrée, Les Plaisirs,
Deuxiéme, Les Joueurs,
Troisiéme, Les Gens de bonne chere,
Quatriéme, Les Maîtres à danser,
Cinquiéme, Les Masques ridicules,
Sixiéme, Les Masques sérieux & magnifiques,
Septiéme, Le Carnaval & la Galanterie.

L

On trouve à la fin : Vers pour les personnages de la Mascarade royale du Carnaval.

Le même, *voyez* le 2ᵉ volume des Œuvres de Benserade, *pag.* 378.

Le grand Divertissement Royal de Versailles ; ce sont les Intermèdes qui furent joués pour entre-Actes de Georges-Dandin, Com. de Moliere, représentée dans le petit parc de Versailles le 18 Juillet 1668. Les paroles sont de Moliere, la musique de Lully. *Paris, Robert Ballard,* 1668. *in-*4°.

Relation de la Fête de Versailles, du 18 Juillet 1668. *Paris, Pierre le Petit,* 1668. *in-*4°.

Cette Relation est d'André Felibien, Sieur des Avaux, & est celle du Divertissement ci-dessus.

La Grotte de Versailles, Eglogue en musique, représentée en 1668. Les paroles sont de Quinault, la musique de Lully. *Paris, Ballard,* 1668. *in-*4°.

La même sans datte, *in-*4°.

Cette Piece fut remise au Théâtre.

En 1685. sous le titre de l'Eglogue de Versailles, & précédée de l'Idille sur la paix.

En 1696. sous son premier titre de la Grotte de Versailles, & suivie des Fêtes de l'Amour & de Bacchus.

En 1700. sous le même titre, & suivie du Carnaval, Mascarade.

En 1717. le 8 Février, sous le même titre dans des fragmens.

On la trouve dans le troisiéme volume du Recueil des Operas.

1669.

Ballet Royal de Flore à quinze entrées, dansé par le Roi le 13 Février 1669. Les paroles sont de Benserade. *Paris, Robert Ballard, 1669. in-4°.*

Le même, *voyez* le 2e volume des Œuvres de Benserade, *pag. 383.*

Ballet de l'Amour à douze entrées, dansé le 25 Février 1669. chez M. l'Intendant de Bourgogne, *in-4°.*

Le Divertissement de Chambord, mêlé de Comédie, de musique & d'entrées de Ballet, représenté le 6 Octobre 1669. à Chambord. *Paris, Robert Ballard, 1669. in-4°.*

Le même dansé à Saint Germain-en-Laye en Décembre 1681. *Paris, Christophe Ballard, 1681.in-4°.*

Nota. *C'est dans ce Divertissement en 1669. que fut joué Pourceaugnac, Comédie de Moliere en trois Actes.*

La Princesse d'Elide, Comédie-Héroïque, mêlée de musique & d'entrée de Ballet. (ce ne sont que les Intermèdes) Paroles de Moliere, musique de Lully. *Paris, Robert Ballard, 1669. in-4°.*

La Comédie de la Princesse d'Elide, avec les Intermèdes, se trouvent dans les Œuvres de Moliere, Tome V. de l'édit. in-4°.

1670.

Le Bourgeois-Gentilhomme, Comédie, Ballet (ce ne font que les Intermèdes) donné par le Roi à toute sa Cour dans le Château de Chambord, au mois d'Octobre 1670. Les paroles font de Moliere, la musique de Lully. *Paris, Robert Ballard,* 1670. *in-*4°.

La Comédie du Bourgeois-Gentilhomme, avec les Intermèdes, se trouvent dans les Œuvres de Moliere, Tome. V. de l'édit. in-4°.

Le Divertissement Royal, mêlé de Comédie, de musique & d'entrées de Ballet. Les paroles font de Moliere, la musique de Lully. *Paris, Robert Ballard,* 1670. *in-*4°.

Nota. C'est dans ce Divertissement que furent donnés les Amans magnifiques, Comédie, par Moliere ; on trouve ladite Comédie & le Divertissement dans les Œuvres de Moliere, Tome V. de l'édition in-4°.

1671.

Psiché Tragi-Comédie, Ballet, dansé devant Sa Majesté au mois de Janvier 1671. *Paris, Robert Ballard,* 1671. *in-*4°.

La Tragi-Comédie est de Moliere & de Thomas Corneille ; on la trouve dans le sixiéme volume des Œuvres de Moliere, édition in-4°.
  Les paroles du Ballet font de Quinault.
  Et la Musique de Lully.

ET OPERA. 85

On ne trouve dans cet in-4°. que les paroles du Ballet.

Sujet des Amours du Soleil, Tragédie en machines, par Visé, représentée sur le Théâtre royal du Marais, *le 6 Fevrier 1671. in-4°.*

Le même, immédiatement avant la Tragédie, *voyez* le 2e volume du Théâtre de Visé.

Pomone, Pastorale en cinq Actes, avec un Prologue, représenté le 19 Mars 1671. Les paroles sont du Sr Perrin, la musique de Cambert. *Paris, 1671. in-4°.*

La même, *voyez* le Recueil des Operas, *tom. I.*

Ballet des Ballets, dansé devant le Roi à Saint Germain-en-Laye, au mois de Décembre 1671. *Paris, Robert Ballard, 1671. in-4°.*

Nota. Le Roi voulant donner un divertissement à Madame à son arrivée à la Cour, choisit les plus beaux endroits des Ballets qui avoient été représentés devant lui depuis quelques années, & chargea Moliere de composer un Ouvrage qui enchaînât tous ces morceaux différens de musique & de danse. Moliere fit la Comtesse d'Escarbagnas & une Pastorale; ces deux Pieces composoient sept Actes, qui étoient précédés d'un Prologue, & qui étoient chacun suivi d'un Intermède.

Vous trouverez la Comtesse d'Escarbagnas dans les Œuvres de Moliere.

A l'égard de la Pastorale il ne nous en reste que le nom des Acteurs, & celui des Comédiens qui la représentoient.

Une Nymphe,	Mademoiselle de Brie,
La Bergere en homme,	Mademoiselle Moliere,

La Bergere en femme,	Mademoiselle Moliere,
Un Berger amant,	Le Sr Baron,
Premier Paſtre,	Le Sr Moliere,
Deuxiéme Paſtre,	Le Sr la Thorilliere,
Un Turc,	Le Sr Moliere.

1672.

Le Triomphe de l'Amour, Opéra ou Paſtorale en muſique, imitée des Amours de Diane & d'Endimion, diviſé en trois parties, mêlées de deux Intermèdes, repréſenté devant Sa Majeſté à Saint Germain-en-Laye au mois de Février 1672. *Paris, Robert Ballard*, 1672. *in-*4°.

Les Peines & les Plaiſirs de l'Amour, Paſtorale en cinq actes & un Prologue, repréſenté le 8 Avril 1672. Les paroles ſont de Gilbert, la muſique de Cambert, 1672. *in-*4°.

Les mêmes, voyez *le quatr. vol. du Théâtre de Gilbert.*

Les Fêtes de l'Amour & de Bacchus, Paſtorale en trois Actes & un Prologue, repréſentées le 13 Novembre 1672. par l'Académie Royale de muſique. Les paroles ſont de Quinault, la muſique de Lully. *Paris, François Muguet*, 1672. *in-*4°. *fig.*

Cet Ouvrage a été remis au Théâtre.

En 1689. précédé de l'Idille ſur la paix.
En 1693.
Le 7 Juillet 1696. précédé de l'Eglogue de Verſailles.

En Août 1706. *idem*, le 17 Septembre de la même année ajouta le Profeſſeur de Folie.

Le 26 Novembre 1716. *idem.*

Dans le mois de Février 1738. on donna un Divertiſſement tiré deſdites Fêtes.

Vous le trouverez dans le premier vol. du Recueil des Opéras.

Nota. *Cette Paſtorale eſt compoſée des morceaux les plus agréables que Quinault & Lully, choiſirent dans les Divertiſſemens de Chambord, de Verſailles & de Saint Germain, ils y ajouterent quelques ſcènes nouvelles des entrées de Ballet, des machines, &c. pour en former un Ouvrage ſuivi.*

SECOND AGE
Depuis 1673. juſqu'en 1759.

1673.

Cadmus & Hermione, Tragédie-Opéra en cinq Actes & un Prologue, repréſentée le premier Février 1673. Les paroles ſont de Quinault, la muſique de Lully.

Cet Ouvrage a été remis au Théâtre.

En 1674.   Le 21 Septembre 1703.
En 1678.   Le 28 Août 1711.
En 1679.   Le 22 Août 1737.
En 1690. au mois de Déc.

Vous le trouverez dans le tome premier du Recueil des Opéras.

Le Malade Imaginaire, Comédie-Ballet, mêlée de muſique & de danſe, repréſenté ſur le Théâtre du Palais-Royal, le 10 Février

1673. Les paroles font de Moliere, & la musique de Charpentier. *Paris, Christophe Ballard*, 1673. *in-*4°.

Ce ne font que les Intermèdes de cet Ouvrage, la Comédie se trouve dans le sixième volume des Œuvres de Moliere, de l'édition in-4°.

1674.

Alceftes, Trag. op. en cinq Actes & un Prologue, représenté le 19 Janvier 1674. Les paroles font de Quinault & la musique de Lully.

Cet Ouvrage a été remis au Théâtre.

En 1678.	Le 22 Janvier 1739.
En Septembre 1682.	Le 7 Novembre 1754. à Fontainebleau devant le Roi, fans Prologue.
Le 25 Novembre 1706.	
Le 16 Janvier 1716.	
Le 30 Novembre 1728.	Le 15 Novembre 1757. à Paris·

Vous le trouverez dans le tome premier du Recueil des Operas.
Celui fans Prologue représenté à Fontainebleau devant le Roi, vous le trouverez dans le volume int. Spectacles de Fontainebleau, *année* 1754.

Les Divertiffemens de Verfailles (en profe & en fix journées) donnés par le Roi à toute fa Cour au retour de la conquête de la Franche-Comté en l'année 1674. par Felibien. *Paris*, 1674. *in-*12.

Reprife de Cadmus, *voyez la premiere Repréfentation de cet Opéra à l'année* 1673.

1675.

ET OPERA. 89
1675.

Thefée, Trag. op. en cinq Actes & un Prologue, repréfentée à Saint Germain le 11 Janvier 1675. & à Paris en Avril de la même année. Les paroles font de Quinault, la mufique de Lully.

Cet Ouvrage a été remis au Théâtre.

En 1676.   Le 29 Novembre 1729.
Le 16 Février 1677.   Le 10 Décembre 1744.
En Janvier 1678.   Le 18 Octobre 1754. à Fontai-
En Octobre 1688.   nebleau devant le Roi, fans
En 1698.   Prologue.
Le 17 Novembre 1707.   Le 3 Déc. de la même année,
Le 5 Décembre 1720.   à Paris avec le Prologue.

Vous le trouverez dans le tome premier du Recueil des Operas.

Celui fans Prologue repréfenté à Fontainebleau devant le Roi, vous le trouverez dans le volume int. Spectacles de Fontainebleau, année 1754.

Nota. *Le nom des Acteurs n'eft pas dans l'édition faite pour Saint Germain le 11 Janvier 1675. on le trouve dans celle faite pour Paris en Avril de la même année.*

Circée, Tragédie en cinq Actes & un Prologue, des Divertiffemens à chaque Acte, ornée de machines, de changemens de Théâtre & de mufique, repréfentée le 17 Mars 1675. Les vers font de Thomas Corneille, la mufique de Charpentier. *Paris, 1675. in-4°.*

M

Nota. *L'on ne trouve dans cet in-4°. que le Prologue, le Programme de chaque Acte, celui des décorations & les vers des entre-Actes ; vous trouverez la Tragédie dans le Théâtre de Thomas Corneille.*

Le Carnaval, Mascarade à neuf entrées, représenté le 17 Octobre 1675. par l'Académie Royale de musique. Les paroles sont de différens Auteurs, la musique est de Lully. *Paris, Baudri,* 1675. *in-4°.*

Ce Ballet commence par

Un Récit du Carnaval,
Premiere entrée, Les Espagnols,
Deuxieme, Barbacola, Maître d'Ecole.
Troisieme, Pourceaugnac.
Quatrieme, Les Italiens.
Cinquieme, La Cérémonie Turque.
Sixieme, Serenade pour de nouveaux Mariés.
Septieme, Les Egyptiens.
Huitieme, La Galanterie.
Neuvieme, Le Carnaval & la Galanterie.

On trouve immédiatement après ces neuf entrées, une augmentation qui se chante d'abord après Barbacola ; cette augmentation consiste en trois nouvelles entrées, sçavoir,

Silene & Tircis, Dialogue.
La Mascarade.
La Serenade.

Nota. *On n'a conservé dans cet Ouvrage, d'un Ballet du même titre, dansé par le Roi en 1668. & qui n'est que de sept entrées, que*

Le Récit du Carnaval.
La sixiéme entrée qui forme la huitiéme de celui-ci.
Et la septiéme qui forme la neuviéme de celui-ci.

Cet Ouvrage, c'est-à-dire, les neuf entrées seulement, a été remis au Théâtre.

En Octobre 1691. précédé du Ballet de Villeneuve-Saint-Georges.
Le 11 Juillet 1700. précédé de la Grotte de Versailles.

Vous trouverez ce Ballet, c'est-à-dire, les neuf entrées seulement, dans le premier volume du Recueil des Operas.

J'ai ce même Ouvrage réduit en quatre entrées, & le

Récit du Carnaval.
Premiere entrée, Barbacola, Maître d'Ecole.
Deuxieme, Les Italiens.
Troisieme, Les Egyptiens.
Quatrieme, Pourceaugnac.

J'ignore s'il a été donné en cet état.

1676.

Atis, Trag. op. en cinq Actes & un Prologue, représenté devant le Roi à Saint Germain le 10 Janvier 1676. Les paroles sont de Quinault, la musique de Lully. *Paris, Ballard, 1676. in-4°.*

Cet Opera fut donné à Paris en Août 1677.

Il a été remis au Théâtre.

Le 15 Janvier 1678.
Le 7 Janvier 1682.
En Novembre 1689.

Le 31 Décembre 1699.
Le 29 Novembre 1708.
Le 28 Novembre 1709.
Le 27 Décembre 1725.
Le 7 Février 1726. *Mademoiselle Lambert Actrice de l'Opera, y joua le Rôle d'Atis.*
Le 7 Janvier 1738.
Le 7 Novembre 1747.
Le 17 Novembre 1753. devant le Roi à Fontainebleau, sans le Prologue.

Vous le trouverez dans le premier vol. du Recueil des Operas.

Celui sans Prologue representé devant le Roi à Fontainebleau; vous le trouverez dans le volume int. Spectacles de Fontainebleau, année 1753.

Reprise de Thesée, *voyez la premiere Représentation de cet Opera, à l'année* 1675.

Les Pigmées, Trag. Com. en cinq Actes, ornée de musique, d'entrées de Ballet, de machines, & de changemens de Théâtre, représenté en leur Hôtel Royal au Marais du Temple à Paris. *Paris, Christophe Ballard,* 1676. *in-*4°.

Nota. *Il n'y a que le Programme de chaque Acte avec les vers qui s'y doivent chanter.*

1677.

Isis, Trag. op. en cinq Actes & un Prologue, représentée à Saint Germain devant le Roi le 5 Janvier 1677. & à Paris au mois d'Août de la même année. Les Paroles sont de Quinault, la musique de Lully. *Paris, Ballard*, 1677. *in*-4°.

Cet Ouvrage a été remis au Théâtre.

Le 14 Février 1704.
Le 14 Septembre 1717.
Le 14 Décembre 1732.

Vous le trouverez dans le deuxieme vol. du Recueil des Operas.
Nota. *Dans l'édition faite pour Saint Germain, on ne trouve pas le nom des Acteurs, il se trouve dans celle faite pour Paris.*

Reprise de Thesée, le 16 Février, *voyez la premiere Représentation de cet Opera à l'année* 1675.

Reprise d'Atis au mois d'Août, *voyez la premiere Représentation de cet Opera à l'année* 1676.

1678.

Reprise d'Atis le 15 Janvier, *voyez la premiere Représentation de cet Opera à l'année* 1676.

Psiché, Trag. op. en cinq Actes & un Prologue, représentée le 19 Avril 1678. Les paroles sont de Thomas Corneille, la musique de Lully. *Paris, Baudri*, 1678. *in*-4°.

Cet Ouvrage a été remis au Théâtre.

Le 8 Juin 1703.
Le 22 Juin 1713.

Vous le trouverez dans le deuxieme vol. du Recueil des Operas.

Reprife de Cadmus, *voyez la premiere Repréfentation de cet Opera à l'année* 1673.

Reprife d'Alceftes, *voyez la premiere Repréfentation de cet Opera à l'année* 1674.

Ouvrage en mufique fur la derniere Campagne du Roi, divifé en dix chants. *Paris, Chriftophe Ballard*, 1678. *in-4°.*

J'ignore & l'Auteur des paroles & celui de la mufique, & fi cet Ouvrage a été reprefenté.

1679.

Urgande, Tragédie en trois Actes en profe, ornée d'entrées de Ballet, de machines & de changemens de Théâtre, par le Sieur Louvart le jeune, repréfentée devant Sa Majefté à Saint Germain-en-Laye, le 25 Janvier 1679. *Paris, Chriftophe Ballard*, 1679. *in-4°.*

Bellerophon, Trag. op. en cinq Actes & un Prologue, repréfentée le 31 Janvier 1679. Les paroles font de Thomas Corneille, la mufique de Lully. *Paris, Ballard,* 1679.*in-4°.*

Cet Ouvrage a été remis au Théâtre.

Le 3 Janvier 1680.
Le 10 Décembre 1705.
Le 11 Janvier 1718.
Le 6 Avril 1728.

Vous le trouverez dans le deuxieme vol. du Recueil des Operas.

Divertiffement donné à Son Eminence Monfeigneur le Cardinal de Bonzi, à l'occa-

ET OPERA. 95

sion de la paix, en trois parties & un Prologue. Les paroles sont du Sieur de Sablieres, (j'ignore le Musicien) il fut exécuté à Montpellier pendant la tenue des Etats, en Janvier 1679. *Montpellier, Daniel Pech, 1679. in-4°.*

Reprise de Thesée en Octobre, *voyez la premiere Représentation de cet Opera à l'année 1675.*

Reprise de Cadmus, *voyez la premiere Représentation de cet Opera à l'année 1673.*

1680.

Reprise de Bellerophon le 3 Janvier, *voyez la premiere Représentation de cet Opera à l'année 1679.*

Proserpine, Trag. op. en cinq Actes & un Prologue, représentée devant le Roi à Saint Germain-en-Laye, le 3 Février 1680. & à Paris le 15 Novembre de la même année. Les paroles sont de Quinault, la musique de Lully. *Paris, Ballard, 1680. in-4°.*

Cet Ouvrage a été remis au Théâtre.

En 1681. avec les mêmes Acteurs.

Le 31 Juillet 1699.

Le 7 Mars 1715.

Le 28 Janvier 1727.

Le 31 Janvier 1741.

Le 14 Février 1742. *où Mlle le Maure joua le Rôle de Cerès.*

Le 14 Novembre 1758.

Vous le trouverez dans le deuxieme vol. du Recueil des Operas.

Divertissement Champêtre sur le mariage de Monseigneur le Dauphin, Pastorale, *in-4°.*

Vers 1680.

L'Amour guéri, Trag. op. en cinq Actes sans Prologue, par Segrais, *in-8°. sans date ni nom de Ville ni d'Imprimeur.*

Nota. Segrais avoit fait cette Piece pour être mise en musique, & l'avoit donnée à Lully, l'Editeur du Segraisiana nous apprend que ce fut par la négligence de l'un & par l'impolitesse de l'autre, que cet Ouvrage ne parut point, Segrais dégoûté des lenteurs & des brusqueries du Musicien, ne lui parla plus de le mettre en musique, & négligea même de le retirer de ses mains.

1681.

Le Triomphe de l'Amour, Ballet en vingt entrées, dansé devant Sa Majesté à Saint Germain-en-Laye, le 21 Janvier 1681. donné à Paris le 10 Mai de la même année. Les paroles sont de Quinault, la musique de Lully. *On trouve à la fin de ce Ballet*, Vers pour la personne & le personnage de ceux qui sont du Ballet du Triomphe de l'Amour, ces vers sont de Benserade, & mis en musique par Lully. *Paris, Christophe Ballard,* 1681. *in-*4°.

Les vingt entrées sont,

La premiere, Les Graces, les Driades.
La deuxieme, Les Nayades.

La troisiéme, Les Plaisirs.
La quatriéme, Les Guerriers.
La cinquiéme, Les Amours.
La sixiéme, Les Dieux Marins.
La septiéme, Borée.
La huitiéme, Orithie.
La neuviéme, Les Nymphes de Diane.
La dixiéme, Endimion.
La onziéme, Les Songes.
La douziéme, Les Peuples de Carie.
La treiziéme, Ariane & Bacchus.
La quatorziéme, Les Indiens.
La quinziéme, Apollon.
La seiziéme, Les Bergers Héroïques.
La dix-septiéme, Pan.
La dix-huitiéme, Les Faunes.
La dix-neuviéme, Les Zephirs.
La vingtiéme, La Jeunesse & les Jeux.

Cet Ouvrage a été remis au Théâtre.

En Janvier 1682.

Le 11 Septembre 1705. par les soins de Messieurs Danchet & Campra, mais presque absolument changé, & réduit en quatre entrées & un Prologue.

Premiere entrée, Mars & Venus.
Deuxiéme, Amphitrite & Neptune.
Troisiéme, Diane & Endimion.
Quatriéme, Ariane & Bacchus.

Le 26 Novembre de la même année, on y mit un nouveau Prologue & une nouvelle entrée.

Vous trouverez cet Ouvrage tel qu'il fut donné d'abord dans le deuxiéme vol. du Recueil des Opera.

Et les vers pour la perfonne & le perfonnage de ceux qui font du Ballet dans le deuxiéme vol. des Œuvres de Benferade, tome II. p. 404.

Nota. *C'eſt abſolument un autre Ouvrage que celui ſous le même titre donné en 1672. Ce fut à la Repréſentation de ce dernier en 1681. qu'on vit à Paris pour la premiere fois des femmes danſer ſur le Théatre de l'Opera.*

Abregé du Poëme latin des Innocens en vers françois, qui feront chantés en muſique dans l'Abbaye de Saint Cheron, le 7 Août 1681. *in-4°.*

Nota. *Cet Ouvrage eſt diviſé en quatre Intermèdes, j'ignore pour quelle Tragédie ils ont été faits.* Ces Intermèdes ſont :

   Le premier, Sur la Naiſſance du Sauveur.
   Le deuxiéme, Les trois Rois avertis par l'Etoile.
   Le troiſiéme, Aſſemblée des Anges dans le Ciel.
   Le quatriéme, Le Maſſacre des Innocens.

La Pierre Philoſophale compoſée en cinq Actes, repréſentée le 23 Février 1681. *Paris, Blageart, 1681. in-4°.*

Cette Piece qui étoit vraiſemblablement en proſe, n'a point été imprimée, on n'en connoît que le Programme de chaque Acte ; l'on trouve dans le quatriéme les vers que doivent chanter dans cet Acte les Eſprits élementaires. L'intrigue de cette Piece eſt fort ſinguliere ; on l'attribue à Thomas Corneille, & l'on ſoupçonne le Sieur de Viſé d'y avoir travaillé avec lui; ce qui peut-être a engagé les Auteurs à garder l'Anonyme, c'est qu'à la premiere Repréſentation cette Piece eut un ſi mauvais ſuccès que perſonne n'alla à la deuxiéme.

1682.

Repriſe d'Atis le 7 Janvier, *voyez la premiere Repréſentation de cet Opera à l'année 1676.*

Repriſe du Triomphe de l'Amour, le même mois, *voyez la premiere Repréſentation de cet Opera à l'année 1681.*

Perſée, Trag. op. en cinq Actes & un Prologue repréſentée le 17 Avril 1682. Les paroles ſont de Quinault, la muſique de Lully.

Cet Ouvrage a été remis au Théâtre.

Le 10 Avril 1687.
Le 9 Février 1703.
Le 20 Novembre 1710.
Le 20 Novembre 1722.
Le 14 Février 1737.
Le 15 Novembre 1746.
Le premier Mars 1747. à Verſailles devant le Roi, ſur le Théâtre de la grande Ecurie, avec un Prologue nouveau, dont les paroles ſont de la Bruere, & la muſique de Buri.

Vous le trouverez dans le deuxiéme vol. du Recueil des Opera.

Repriſe d'Alceſte en Septembre, *voyez la premiere Repréſentation de cet Opera à l'année 1674.*

La Fête des Dieux fur la naiffance de Monfeigneur le Duc de Bourgogne, dédiée au Roi, par les Académiciens des Nouvelles Découvertes de Médecine. *Paris*, 1682. *in-*4°. *& fe diftribue gratuitement à la porte de ladite Académie.*

On ne trouve que le Programme détaillé d'une grande Fête, & celui d'un Opera en cinq Actes, dans lequel à chaque entre-Acte on repréfentoit un Ballet allégorique.

1683.

Phaëton, Trag. op. en cinq Actes & un Prologue, repréfentée devant le Roi à Verfailles le 6 Janvier 1683. & à Paris le 27 Avril de la même année. Les paroles font de Quinault, la Mufique de Lully. *Paris, Ballard*, 1683. *in-*4°.

Cet Ouvrage a été remis au Théâtre.

En Novembre 1692.
Le 12 Janvier 1702.
Le 5 Janvier 1710.
Le 11 Novembre 1721.
Le 21 Décembre 1730.
Le 13 Novembre 1742.
Le 23 Octobre 1753. on repréfenta devant le Roi à Fontainebleau le Prologue dudit Opera, dont l'allégorie étoit analogue à la naiffance de Monfeigneur le Duc d'Aquitaine; il fut donné avant les Fées, Comédie de Dancour en trois Actes, avec trois Intermèdes.

Vous trouverez cet Opera dans le deuxiéme vol. du Recueil des Opera.

Vous trouverez le Prologue donné en 1753. *Les vers des trois Intermèdes représentés dans la Comedie des Fées, qui sont composés de morceaux choisis dans différens Opéra, & le Programme de ladite Comédie dans le vol. int. Spectacles de Fontainebleau* 1753. *A l'égard de la Comédie des Fées, vous la trouverez dans les Œuvres de Dancour.*

Divertissement pour Monseigneur le Duc de Bourgogne. *Paris, Ballard,* 1683. *in-*4°.

Galathée, Opera, par M. de la Fontaine.

Nota. *Il n'y a que les deux premiers actes de finis, lesquels n'ont point été mis en musique ; la Fontaine dit dans l'Avertissement à la tête de cet Ouvrage, que son inconstance naturelle l'a empêché de faire le troisiéme Acte, qui devoit être le dernier, que cependant si l'on trouve du plaisir à la lecture de ces deux premiers Actes, peut-être se résoudra-t'il à donner le troisiéme.*

Vous le trouverez dans les Œuvres de la Fontaine.

1684.

Amadis de Gaule, Trag. op. en cinq Actes & un Prologue, représentée à Paris le 18 Janvier 1684. & devant le Roi à Versailles en Février 1685. Les paroles sont de Quinault, la musique de Lully. *Paris, Ballard,* 1684. *in-*4°.

Cet Ouvrage a été remis au T
Le 8 Avril 1687.
Le 31 Mai 1701.

Le premier Mars 1707.
Le 26 Avril 1718.
Le 4 Octobre 1731.
Le 8 Novembre 1740.

Vous le trouverez dans le deuxiéme vol. du Recueil des Opera.

Daphné, Opera en cinq Actes & un Prologue, composé en 1684. par le Sieur de la Fontaine.

Je ne crois pas que cet Ouvrage ait jamais été mis en musique.

Vous le trouverez dans les Œuvres de la Fontaine.

1685.

Roland, Trag. op. en cinq Actes & un Prologue, représentée devant le Roi à Versailles le 18 Janvier 1685. & à Paris le 8 Février de la même année. Les paroles sont de Quinault, la musique de Lully. *Paris, Ballard*, 1685. *in*-4°.

Cet Ouvrage a été remis au Théâtre.

En 1686.
Le 12 Février 1705.
Le 15 Novembre 1709.
Le 15 Décembre 1716.
Le 11 Novembre 1717.
Le 19 Décembre 1743.
Le 11 Novembre 1755.

Vous le trouverez dans le troisiéme vol. du Recueil des Opera.

Reprife d'Amadis de Gaule en Février 1685. *voyez la premiere Repréfentation de cet Opera à l'année 1684.*

Le Temple de la Paix, Ballet à fix entrées, repréfenté le 12 Septembre 1685. Les paroles font de Quinault, la mufique de Lully. *Paris, Ballard, 1685. in-4°.*

> *Premiere entrée*, Nymphes & Bergers.
> *Deuxiéme*, Daphnis.
> *Troifiéme*, Bafques.
> *Quatriéme*, Bretons.
> *Cinquiéme*, Sauvages Amériquains.
> *Sixiéme*, Africains.

Vous le trouverez dans le troifiéme vol. du Recueil des Opera.

La Brillante Journée, ou le Caroufel des Galans Maures, entrepris par Monfeigneur le Dauphin, avec la comparfe, les courfes, & les madrigaux fur les devifes. *Paris, veuve Blageart, 1685. in-4°.*

Seconde Relation du Caroufel des Galans Maures, entrepris par Monfeigneur le Dauphin, contenant de nouvelles Particularités & quatre grandes planches, qui repréfentent

> L'Ordre des deux Quadrilles dans l'avant-cour de Verfailles pour commencer la marche.
> La Comparfe.
> L'Ordre des Chevaliers & de leur fuite pendant les courfes.
> L'Ordre de Bataille des deux Quadrilles pour fortir de la carriere.

comme aussi tout ce qui regarde les Maisons, Dignités & Emplois de chaque Chevalier. *Paris, veuve Blageart*, 1685. *in-4°.*

La Galante & Magnifique Adresse des Chevaliers Maures au grand Carousel-Dauphin à Versailles le premier & deuxième Juin, avec leur marche, noms & devises expliquées par des madrigaux, à leurs A. R. Monsieur & Madame, par le Sieur Laurent. *Paris, Antoine Rafflé*, 1685. *in-8°.*

Idille sur la paix, Divertissement représenté en 1685. suivi de la Grotte de Versailles. Les paroles sont de Racine, la musique de Lully, 1685. *in-4°.*

Cet Ouvrage a été remis au Théâtre.

En 1689. à la suite des Fêtes de l'Amour & de Bacchus.

Vous le trouverez dans le troisième vol. du Recueil des Opera.

Et dans le deuxième vol. des Œuvres de Racine, de l'édition in-4°.

Reprise de la Grotte de Versailles, sous le titre de *l'Eglogue de Versailles*, précédée de l'idille sur la paix, *voyez la premiere Représentation de la Grotte de Versailles à l'année* 1668.

1686.

Ballet de la Jeunesse, Divertissement mêlé de comédie & de musique, en trois Actes & trois Intermèdes, représenté devant Sa Majesté

jesté à Versailles le 28 Janvier 1686. Les paroles sont de Dancour, la musique de la Lande. *Paris, Christophe Ballard*, 1686. *in*-4°.

Nota. *Ce Ballet est en trois Actes, & fut fait pour servir d'Intermèdes à une Comédie de Dancour en trois Actes, dont j'ignore le titre.*

Armide, Trag. op. en cinq Actes & un Prologue, représentée le 15 Février 1686. Les paroles sont de Quinault, la musique de Lully. *Paris, Robert Ballard*, 1686. *in*-4°.

Cet Ouvrage a été remis au Théâtre.

En 1697.
Le 27 Novembre 1703.
Le 26 Décembre 1713.
En Juin 1714.
Le 9 Novembre 1724.
Le 7 Janvier 1746.
Le 10 Février de la même année, à Versailles devant le Roi sur le Théâtre de la grande Ecurie, à l'occasion du mariage de Monseigneur le Dauphin.
Le 17 Février 1747.

Vous le trouverez dans le troisiéme vol. du Recueil des Opera.

Acis & Galatée, Pastorale Héroïque en trois actes & un Prologue, représentée à Anet le 6 Septembre 1686. & à Paris à la fin du même mois. Les paroles sont de Campistron, la musique de Lully. *Paris, Ballard*, 1687. *in*-4°.

BALLETS

Cet Ouvrage a été remis au Théâtre.

Le 13 Juin 1702.
Le 5 Octobre 1704.
Le 18 Août 1718.
Le 13 Septembre 1725.
Le 19 Août 1734.
Le 18 Août 1744.
Le 6 Juin 1752.

Cet Opera a été représenté à Versailles devant le Roi sur le Théâtre des petits Appartemens, le 23 Janvier 1749.

Acteurs du Prologue.

Astrée, Madame la Duchesse de Brancas.
Saturne, M. le Duc d'Ayen.

Acteurs de la Pastorale.

Acis, M. le Vicomte de Rohan.
Galathée, Madame la Marquise de Pompadour.
Poliphême, M. le Marquis de la Salle.
Tircis, M. le Chevalier de Clermont.
Aminthe, Madame de Marchais.
Le Grand Prêtre de Junon, un Musicien du Roi.
Neptune, M. le Chevalier de Clermont.
Une Nayade, Madame de Marchais.

Vous trouverez cette Pastorale telle qu'elle a été dansée en 1686. dans le troisième vol. du Recueil des Opera.

Et telle qu'elle a été donnée à Versailles en 1749. dans le troisième vol. du Théâtre des petits Appartemens.

Reprise de Roland en 1686. *voyez la premiere Représentation de cet Opera à l'année* 1685.

1687.

Reprise d'Amadis de Gaule, le 8 Avril 1687. *voyez la premiere Repréfentation de cet Opera à l'année* 1684.

Reprise de Persée, le 10 Avril 1687. *voyez la premiere Repréfentation de cet Opera à l'année* 1682.

Le Canal de Verfailles, Divertiffement repréfenté devant Sa Majefté à Verfailles le 16 Juillet 1687. Les paroles font d'un Anonyme, la mufique de Philidor. *Paris, Ballard,* 1687. *in-*4°.

Les Bergers de Marly, Paftorale en trois Actes & un Prologue, ornée de danfes, & repréfentée devant Sa Majefté en fon Château de Marly au mois de Septembre 1687. Les paroles font d'un Anonyme, la mufique du Sieur Moreau. *Paris, Chriftophe Ballard,* 1687. *in-*4°.

Divertiffement pour le Retour du Roi à Verfailles, repréfenté devant Sa Majefté en Octobre 1687. Les paroles font d'un Anonyme, la mufique du Sieur Boeffet. *Paris, Chriftophe Ballard,* 1687. *in-*4°.

Achille & Polixene, Trag. op. en cinq Actes & un Prologue, repréfentée le 7 Novembre 1687. Les paroles font de Campiftron, la mufique de Colaffe. *Paris, Ballard,* 1687. *in-*4°.

Cet Ouvrage a été remis au Théâtre.

Le 11 Octobre 1712.

Vous le trouverez dans le troisiéme vol. du Recueil des Opera.

Le Jugement du Soleil, Divertissement représenté dans la maison de M. Begon, Intendant des Galeres de Sa Majesté. Les paroles sont d'un Anonyme, la musique du Sieur Gautier. *Marseille, Pierre Mesnier,* 1687. *in-4°.*

La Nuit Brillante, ou le Carousel de l'Esprit, Détachement de la Philosophie des Héros, en deux parties. *Paris,* 1687. *in-4°.*

1688.

Zephire & Flore, Opera en trois Actes & un Prologue, représenté le 22 Mars 1688. Les paroles sont de Duboullay, la musique de Louis Lully, & Jean Lully, freres, & fils du fameux Lully. *Paris, Ballard,* 1688. *in-4°.*

Cet Ouvrage a été remis au Théâtre.

Le 23 Juin 1715.

Vous le trouverez dans le troisiéme vol. du Recueil des Opera.

Oronthée, Trag. op. en cinq actes & un Prologue, ornée d'entrées de Ballets, de machines & de changemens de Théâtre, représentée devant Monseigneur le Dauphin, dans le Château de Chantilli, par l'Académie Royale de Musique, le 23 Août 1688. Les paroles sont de le Clerc, la musique de Lorenzani. *Paris, J. B. Coignard,* 1688. *in-4°.*

Reprise de Thesée, en Octobre 1688. *voyez la premiere Représentation de cet Opera à l'année 1675.*

Chœurs de la Tragédie d'Esther, par Racine, 1688. *in-4°.*

Ces mêmes Chœurs avec la Tragédie, se trouvent dans les Œuvres de Racine de l'édition in-4°.

1689.

Le Palais de Flore à cinq entrées, Ballet dansé devant le Roi à Trianon le 6 Janvier 1689. pour le retour de Monseigneur après la prise de Philisbourg en 1688. *Paris, Christophe Ballard,* 1689. *in-4°.*

Thetis & Pelée, Trag. op. en cinq Actes & un Prologue, représentée le 11 Janvier 1689. Les paroles sont de Fontenelle, la musique de Colasse.

Cet Ouvrage a été remis au Théâtre.

En 1697.
En 1699. avec des changemens.
Le 16 Avril 1708.
Le 13 Mai 1712.
Le 4 Novembre 1723.
Le 19 Janvier 1736.

Le 14 Novembre 1750.

Le 14 Novembre 1754. devant le Roi à Fontainebleau fans le Prologue.

Vous trouverez cet Opera tel qu'on l'a donné en 1699. dans le troifiéme vol. du Recueil des Opera.

Et tel qu'on l'a donné à Fontainebleau dans le vol. int. Spectacles de Fontainebleau 1754.

Reprife d'Atis au mois de Novembre 1689. voyez la premiere Repréfentation de cet Opera à l'année 1676.

Reprife des Fêtes de l'Amour & de Bacchus en 1689. voyez la premiere Repréfentation de cet Opera à l'année 1672.

Reprife de l'Idille fur la paix en 1689. voyez la premiere Repréfentation de cet Opera à l'année 1685.

Les Fragmens du Triomphe de l'Amour, & des Plaifirs de Verfailles, repréfentés par l'Académie Royale de Mufique établie à Rouen, en fept Scènes & un Prologue, Rouen, 1689. in-4°.

Nota. Cet Ouvrage eft totalement différent du Triomphe de l'Amour, exécuté en 1672. & de celui de 1681.

1690.

Orphée, Trag. op. en trois Actes & un Prologue, repréfentée le 8 Avril 1691. Les paroles font de Duboulay, la mufique de Louis Lully. *Paris, Ballard*, 1690. in-4°.

Vous le trouverez dans le quat. vol. du Recueil des Opéra.

Enée & Lavinie, Trag. op. en cinq Actes & un Prologue, représentée le 16 Décembre 1690. Les paroles font de Fontenelle, la musique de Colasse. *Paris, Ballard,* 1690. *in-*4°.

Vous le trouverez dans le quatrième vol. du Recueil des Opera.

Nota. *Cet Opera avec quelques changemens dans les paroles, a été remis en musique par le Sieur d'Auvergne. J'en parlerai à l'année* 1758.

Reprise de Cadmus en 1690. *voyez la premiere Représentation de cet Opera à l'année* 1673.

La Fête de la Seine, Divertissement en musique pour une Fête donnée à Asnieres à Madame la Marquise de Brunswick en 1690. Les paroles sont de Boursault. J'ignore le Musicien.

Vous le trouverez dans le deux. vol. du Théâtre de Boursault.

Vers 1690.

La Comédie Italienne, Boutade à neuf entrées, *in-*4°.

1691.

Coronis, Pastorale héroïque en trois Actes & un Prologue, représentée le 23 Mars 1691. Les paroles sont de Baugé, la musique de Theobalde. *Paris, Ballard,* 1691. *in-*4°.

Vous le trouverez dans le quat. vol. du Recueil des Opéra.

Aftrée, Trag. op. en trois Actes & un Prologue, repréfentée le 28 Novembre 1691. Les paroles font de la Fontaine, la mufique de Colaffe. *Paris, Ballard, 1691. in-4°.*

Vous le trouverez dans le quatr. vol. du Recueil des Opera.

Reprife de Cadmus en 1691. *voyez la premiere Repréfentation de cet Opera à l'année* 1673.

Gallie, Opera fatyrique en trois Actes & un Prologue, orné d'entrées de Ballet, de machines & de changemens de Théâtre. *Amft. Jean-Maximilian Lucas, 1691. in-12.*

Je ne crois pas que cet Opera ait été mis en mufique.

1692.

Ballet à trois entrées, danfé à Villeneuve-Saint-Georges, devant Monfeigneur, le premier Septembre 1692. exécuté par l'Académie Royale de mufique, & donné la même année à Paris avec le Carnaval, Mafcarade. Les paroles font de Banzi, la mufique de Colaffe. *Paris, Chriftophe Ballard, 1692. in-4°.*

Premiere entrée, Pafteurs.
Deuxiéme, Pan.
Troifiéme, Silene.

Vous le trouverez dans le quatr. vol. du Recueil des Opera.

Reprife du Carnaval en Octobre, *voyez la premiere Repréfentation de cet Opera à l'année 1675.*
Reprife

ET OPERA. 113

Reprise de Phaëton en Novembre, *voyez la premiere Représentation de cet Opera à l'année* 1683.

1693.

Alcide, Trag. op. en cinq Actes & un Prologue, représentée le 3 Février. Les paroles sont de Campistron, la musique des Srs Louis Lully & Marais. *Paris, Ballard,* 1693. *in-*4°.

Cet Opera a été remis au Théâtre sous le titre de la mort d'Hercule.

Le 23 Juin 1705.
Le 18 Août 1716.
Le 15 Octobre 1744.

Vous le trouverez dans le quatr. vol. du Recueil des Opera.

Didon, Trag. op. en cinq Actes & un Prologue, représentée le 5 Juin 1693. Les paroles sont de Madame de Saintonge, la musique de Desmarets. *Paris, Ballard,* 1693. *in-*4°.

Cet Ouvrage a été remis au Théâtre.

Le 18 Juillet 1704.

Vous le trouverez dans le quatr. vol. du Recueil des Opera.

J'en ai une édition faite à Strasbourg, où cet Opera fut représenté en 1701. *in-*4°.

Medée, Trag. op. en cinq Actes & un Prologue, représentée le 4 Décembre 1693.

P

Les paroles sont de Thomas Corneille, la musique de Charpentier. *Paris, Ballard, 1693. in-4°.*

Vous le trouverez dans le quatr. vol. du Recueil des Opera.

Les Nôces de Bellone ou la Campagne de 1693. *sans date ni nom de Ville ni d'Imprimeur.*

J'ignore si ce Ballet a été représenté, & même s'il a été mis en musique.

La Foire d'Augsbourg, ou la France mise à l'encan, Ballet allégorique, orné de machines & de changemens de Théâtre, pour servir d'Intermède à la Tragédie de Germanicus. Les paroles sont du Pere Colonia. *Lyon, Jacques Guerrier & Jacques Lyons, 1693. in-12.*

1694.

Cephale & Procris, Trag. op. en cinq Actes & un Prologue, représentée le 15 Mars. Les paroles sont du Sieur Duché, la musique de Mademoiselle la Guerre. *Paris, Ballard, 1694. in-4°.*

Vous le trouverez dans le quatr. vol. du Recueil des Opera.

Circé, Trag. op. en cinq Actes & un Prologue, représentée le premier Octobre. Les paroles sont de Madame de Saintonge, la musique de Desmarets. *Paris, Ballard, 1694. in-4°.*

<small>Vous le trouverez dans le cinq. vol. du Recueil des Opera.</small>

Meleagre, Trag. op. en cinq Actes & un Prologue, par Bourfault.

<small>Cet Opera n'a point été mis en musique, vous le trouverez dans le deuxiéme vol. du Théâtre de Bourfault.</small>

Priape, Opera en musique, orné de machines, décorations, feux d'artifice & de plusieurs entrées de Ballet, en cinq Actes & un Prologue, avec un avis au lecteur, un argument & une Epître dédicatoire aux Dames, *1694. in-12. sans nom de Ville ni d'Imprimeur.*

<small>Cet Opera n'a point été représenté.</small>

1695.

Theagenes & Chariclée, Trag. op. en cinq Actes & un Prologue, représentée le 3 Février. Les paroles sont de Duché, la musique de Desmarets. *Paris, Ballard, 1695. in-4°.*

<small>Vous le trouverez dans le cinq. vol. du Recueil des Opera.</small>

Les Amours de Momus, Ballet op. en trois Actes & un Prologue, représenté le 25 Mai. Les paroles sont de Duché, la musique de Desmarets. *Paris, Ballard, 1695. in-4°.*

<small>Vous le trouverez dans le cinquiéme vol. du Recueil des Opera.</small>

Les Saisons, Ballet op. en quatre Actes & un Prologue, représenté le 18 Octobre. Les paroles sont de l'Abbé Picque, la musique des Sieurs Louis Lully & Collasse. *Paris, Ballard*, 1695. *in-*4°.

Cet Ouvrage a été remis au Théâtre.

En Février 1700.
Le 20 Septembre avec des changemens.
Le 12 Juillet 1712.
Le 12 Mai 1722.

Le premier Acte est le Printems, ou Zephire & Flore.
Le deuxieme, l'Eté, ou Vertumne & Pomone.
Le troisieme, l'Automne, ou Ariane & Bacchus.
Le quatrieme, l'Hyver, ou Borée & Orithie.

Vous le trouverez dans le cinq. vol. du Recueil des Opera.

Le Grand Ballet d'Alcide & d'Hebé, Déesse de la Jeunesse, en onze entrées. *La Haye, Henri Vanbulderen*, 1695. *in-*12.

Vous le trouverez dans le vol. int. Œuvres de Passerat.

1696.

Jason ou la Toison d'or, Trag. op. en cinq Actes & un Prologue, représentée le 17 Janvier. Les paroles sont de Rousseau, la musique de Colasse. *Paris, Ballard,* 1696. *in-*4°.

Vous le trouverez dans le cinq. vol. du Recueil des Opera.

Ariadne & Bacchus, Trag. op. en cinq

Actes & un Prologue, repréſentée le 8 Mars. Les paroles ſont de Saint-Jean, la muſique de Marais. *Paris, Ballard,* 1696. *in*-4°.

Vous le trouverez dans le cinq. vol. du Recueil des Opera.

La Naiſſance de Venus, Trag. op. en cinq Actes & un Prologue, repréſentée le premier Mai. Les paroles ſont de l'Abbé Picque, la muſique de Colaſſe. *Paris, Ballard,* 1696. *in*-4°.

Vous le trouverez dans le cinq. vol. du Recueil des Opera.

Repriſe des Fêtes de l'Amour, le 7 Juillet, *voyez la premiere Repréſentation de cet Opera à l'année* 1672.

Repriſe de la Grotte de Verſailles, le 7 Juillet, *voyez la premiere Repréſentation de cet Opera à l'année* 1668.

1697.

Meduſe, Trag. op. en cinq Actes & un Prologue, repréſentée le 13 Janvier. Les paroles ſont de Boyer, la muſique de Gervais. *Paris, Ballard,* 1697. *in*-4°.

Vous le trouverez dans le cinq. vol. du Recueil des Opera.

Venus & Adonis, Trag. op. en cinq Actes & un Prologue, repréſentée le 17 Mars. Les paroles ſont de Rouſſeau, la muſique de Deſmarets. *Paris, Ballard,* 1697. *in*-4°.

Cet Ouvrage a été remis au Théâtre.

Le 17 Août 1717.

Vous le trouverez dans le sixiéme vol. du Recueil des Opera.

Aricie, Ballet op. en cinq Actes & un Prologue, représenté le 9 Juin. Les paroles sont de l'Abbé Picque, la musique de Coste. *Paris, Ballard,* 1697. *in-*4°.

Vous le trouverez dans le sixiéme vol. du Recueil des Opera.

L'Europe Galante, Ballet op. en cinq entrées, représentée le 24 Octobre. Les paroles sont de la Mothe, la musique de Campra. *Paris, Ballard,* 1697. *in-*4°.

Premiere entrée, Vénus & la Discorde.
Deuxiéme, La France.
Troisiéme, L'Espagne.
Quatriéme, L'Italie.
Cinquiéme, La Turquie.

Cet Ouvrage a été remis au Théâtre.

Le 18 Mai 1706.
Le 20 Août 1715.
Le 20 Juin 1724.
Le 14 1736.
Le 9 Mai 1747.
Le 26 Août 1755.

Vous le trouverez dans le sixiéme vol. du Recueil des Opera.

L'Italie, troisiéme Acte dudit Ballet, a été représentée à Versailles devant le Roi sur le

Théâtre du Château, le 15 Février 1755.

Vous le trouverez dans le volume int. *Spectacles de Versailles, tome premier.*

Issé, Pastorale Héroïque, en trois Actes & un Prologue, représentée devant le Roi à Trianon le 17 Décembre, & à Paris le 30. Les paroles sont de la Mothe, la musique de Destouches. *Paris, Ballard,* 1697. *in-*4°.

Malgré le grand succès qu'eut cet Opera, les Auteurs jugerent à propos de le changer & de le mettre en cinq Actes, il fut donné en cet état.

   Le 14 Octobre 1708.
   Le 7 Septembre 1719.
   En Février 1721.
   Le 19 Novembre 1733.
   Le 14 Novembre 1741.
   Le 28 Décembre 1756.

Vous le trouverez en trois Actes dans le sixiéme vol. du Recueil des Opera & en cinq dans le neuviéme.

Ce même Opera a été représenté sans le Prologue, à Versailles devant le Roi sur le Théâtre des petits Appartemens, le 26 Novembre 1749.

ACTEURS.

Apollon,	M. le Vicomte de Rohan,
Pan,	M. le Chevalier de Clermont,
Issé,	Madame la Marquise de Pompadour.
Doris,	Madame de Marchais.
Hilas,	M. le Marquis de la Salle.
Le Grand Prêtre de Dodone,	M. le Duc d'Ayen.

Vous le trouverez dans le quatriéme vol. du Théâtre des petits Appartemens.

Reprife d'Armide, *voyez la premiere Repréfentation de cet Opera à l'année* 1686.

Reprife de Thetis & Pelée, *voyez la premiere Repréfentation de cet Opera à l'année* 1689.

L'Amour fléchi par la Conftance, Paftorale divifée en neuf Scènes, chantée devant le Roi à Fontainebleau. Paroles anonymes, mufique de la Lande. *Paris, Ballard*, 1697. *in*-4°.

Le Feftin d'Atrée, Trag. op. en trois Actes & un Prologue. *Cologne, Pierre Marteau*, 1697. *in*-12.

Je crois que cet Opera n'a été ni mis en mufique, ni repréfenté.

Le Peuple Juif délivré par Efther, ou Concert Spirituel, Idille. Les paroles font de M. de B... la Mufique de Moreau. *Paris, Ballard*, 1697. *in*-4°.

Les Préludes de la Paix, Ballet orné de machines & de changemens de Théâtre. Les paroles font du Pere Colonia. *Lyon, Jacques, Guerrier*, 1697. *in*-12.

J'ignore fi ce Ballet a été mis en mufique & s'il a été repréfenté.

Le Paradis Terreftre, ou les Champs pacifiés, Ballet op. en un Acte, 1697. *in*-4°. *Mff.*

ET OPERA. 121

Cet Ouvrage n'a pas été mis en musique.

1698.

Les Fêtes Galantes, Ballet op. en trois Actes & un Prologue, représenté le 10 Mai. Les paroles sont de Duché, la musique de Desmarets. *Paris, Ballard,* 1698. *in-*4°.

Vous le trouverez dans le sixieme vol. du Recueil des Opera.

Intermèdes de musique & de danse pour la Comédie de Mirtil & Melicerte. Les paroles sont de Guerin. *Paris, Ballard,* 1698. *in-*4°.

Moliere avoit fait les deux premiers Actes de la Comédie de Melicerte lorsqu'il mourut, Guérin fit le troisiéme, on y ajouta ces trois Intermèdes; vous trouverez la Comédie dans les Œuvres de Moliere.

Reprise de Thesée, *voyez la premiere Représentation de cet Opera à l'année* 1675.

Diane & Endimion, Pastorale Héroïque en trois Actes. Paroles anonymes, musique de Philidor le fils. *Paris, Ballard,* 1698. *in-*4°.

J'ignore si cette Pastorale a été représentée.

La Fête du Parnasse ou le Triomphe de l'Hymen & de la paix, par le Chevalier de Blegny. *Paris, Laurent d'Hourry;* 1698. *in-*4°. PROSE ET VERS, SANS DISTINCTION D'ACTES NI DE SCÈNES, C'EST UNE ESPECE DE

Q

BALLETS

PROGRAMME OU L'ON TROUVE LES VERS DES RÉCITS QUI SE CHANTENT.

Scylla, Trag. op. en cinq Actes & un Prologue. Les paroles sont du Sr Tribolet. *Lille*, 1698. *in-8°*.

En 1698. le Sr Tribolet, Capitaine d'Infanterie, envoya cette Trag. op. à Campra pour la mettre en musique ; mais ledit Sieur Campra la trouva, avec raison, si mauvaise, qu'il ne voulut pas s'en charger ; le Sieur Tribolet n'ayant pas été plus heureux avec d'autres Musiciens, prit le parti de la faire imprimer.

1699.

Le Carnaval de Venise, Ballet op. en trois Actes, ou plutôt en cinq Actes, & un Prologue, représenté le 28 Février. Les paroles sont de Regnaud, la musique de Campra. *Paris, Ballard*, 1699. *in-4°*.

Vous le trouverez dans le sixieme vol. du Recueil des Opera.

Une espece d'Opera Italien int. Orphée & Euridice, forme le quatriéme Acte, le Bal forme le cinquiéme.

Ce Ballet a été donné sur le Théâtre de Dijon en 1732. & imprimé la même année dans cette Ville, chez J. B. Augé, in-4°.

Amadis de Grece, Trag. op. en cinq Actes & un Prologue, représentée le 26 Mars. Les paroles sont de la Mothe, la musique de Destouches. *Paris, Ballard*, 1699. *in-4°*.

Cet Ouvrage a été remis au Théâtre.

Le 3 Novembre 1711.
Le 2 Mars 1724.
Le 7 Mars 1745.

Vous le trouverez dans le sixiéme vol. du Recueil des Opera.

Reprise de Proserpine, le 31 Juillet, *voyez la premiere Représentation de cet Opera, à l'année* 1680.

Marthesie, Trag. op. en cinq Actes & un Prologue, représentée devant le Roi à Fontainebleau en Octobre, & à Paris le 9 Novembre. Les paroles sont de la Mothe, la musique de Lully. *Par. Ballard,* 1699. *in-*4°.

Vous le trouverez dans le sixieme vol. du Recueil des Opera.

Reprise d'Atis, le 31 Décembre, *voyez la premiere Représentation de cet Opera à l'année* 1676.

Reprise de Thetis & Pelée, *voyez la premiere Représentation de cet Opera, à l'année* 1689.

1700.

Reprise du Ballet op. des Saisons en Février, *voyez la premiere Représentation de cet Opera, à l'année* 1695.

Le Triomphe des Arts, Ballet op. à cinq entrées, représenté le 16 Mai. Les paroles sont de la Mothe, la musique de la Barre. *Paris, Ballard,* 1700. *in-*4°.

La premiere entrée, l'Architecture.
La deuxieme, la Poësie ou Sapho.
La troisieme, la Musique ou Amphion.
La quatrieme, la Peinture ou Apelles
La cinquiéme, la Sculpture ou Pigmalion.

Vous le trouverez dans le septiéme vol. du Recueil des Opera.

Nota. *Sous l'année 1748. je reparlerai de la cinquiéme entrée, c'est-à-dire de Pigmalion, dont le Sieur Ballot changea un peu les paroles, & dont le Sieur Rameau refit la musique.*

Reprise de la Grotte de Versailles, le 11 Juillet, *voyez la premiere Représentation de cet Opera, à l'année 1668.*

Reprise du Carnaval, le 11 Juillet, *voyez la premiere Représentation de cet Opera, à l'année 1675.*

Le Temple des Vertus, Divertissement en musique, chanté à Fontainebleau devant S. A. S. Madame la Princesse de Conti, en Octobre 1700. Les paroles sont du Sr Cheron, la musique anonyme. *Paris, Ballard, 1700. in-4°.*

Canente, Trag. op. en cinq Actes & un Prologue, représentée le 4 Novembre. Les paroles sont de la Mothe, la musique de Colasse. *Paris, Ballard, 1700. in-4°.*

Vous le trouverez dans le septiéme vol. du Recueil des Opera.

Hesione, Trag. op. en cinq Actes & un Prologue, représentée le 21 Décembre. Les paroles sont de Danchet, la musique de Campra. *Paris, Ballard, 1700. in-4°.*

Cet Ouvrage a été remis au Théâtre.
Le 19 Juillet 1709.
Le 13 Septembre 1729.
Le premier Mars 1743.

ET OPERA. 125

Vous le trouverez dans le septiéme vol. du Recueil des Opera.

Le Destin du nouveau siecle, en trois Intermèdes & un Prologue, représenté en 1700. (j'ignore où cet ouvrage a été représenté.) Les paroles sont du Pere du Cerceau, la musique de Campra.

Vous le trouverez dans le deux. vol. de ses Œuvres.

Concert divisé en deux parties (deux Actes) & précédé d'un Prologue; paroles ano-

roles sont de Danchet, la musique de Campra. *Paris, Ballard*, 1701. *in*-4°.

Vous le trouverez dans le septiéme vol. du Recueil des Opera.

Premiere entrée, les Enfers,
Deuxiéme, la Mer.
Troisiéme, la Terre.

En 1752. *Cet Opera fut remis au Théâtre, rédigé en un Acte, avec un Prologue, sous le titre d'Alphée & d'Arethuse.*

Scylla, Trag. op. en cinq Actes & un Prologue, représentée le 16 Septembre. Les paroles sont de Duché, la musique de Theobal. *Paris, Ballard*, 1701. *in*-4°.

Cet Ouvrage a été remis au Théâtre.

Le 20 Décembre de la même année, *avec des changemens.*
En Octobre 1710.
Le 11 Septembre 1732.

Vous le trouverez dans le septiéme vol. du Recueil des Opera.

Omphale, Trag. op. en cinq Actes & un Prologue, représentée le 10 Novembre. Les paroles sont de la Mothe, la musique de Destouches. *Paris, Ballard*, 1701. *in*-4°.

Cet Opera fut représenté devant le Roi à Trianon, le 23 Février 1702.

Il a été remis au Théâtre.

Le 21 Avril 1721.
Le 22 Janvier 1733.
Le 14 Janvier 1752.

Vous le trouverez dans le septiéme vol. du Recueil des Opera.

Récits en musique employés dans le Ballet de la conquête de la Toison d'or, en 1701. à l'occasion de l'avénement de Philippe V. à la Couronne d'Espagne. Les paroles sont du Pere du Cerceau.

Les Charmes des Saisons, Ballet en vingt entrées, *tome I.*
Idille sur le retour de Madame en huit Scènes, chantée au Palais-Royal, *id.*
Idille sur le retour de la santé du Roi, en cinq Scèns, chantée aux Appartemens, *id.*
Idille pour Monseigneur sur la prise de Philisbourg, *id.*
Eglogue chantée à Versailles devant Sa Majesté, *id.*
Idille pour Monseigneur le Duc de Vendôme, *id.*
Idille chantée à Fontainebleau devant le Roi, *id.*
Idille en six Scènes, pour le mariage de Madame la Duchesse de Lorraine, *id.*
Divertissement représenté à Barcelone pour le mariage de Leurs Majestés Catholiques, en Octobre, *tome II.*
Idille en six Scènes pour la Fête du Roi d'Espagne, *id.*
Idille sur le retour du Roi d'Espagne à Madrid, *id.*
Le Retour du Printems, Eglogue en quatre Scènes, *id.*
Diane & Endimion, Pastorale Héroïque en un Acte & un Prologue, *id.*
L'Automne, Idille en trois Scènes, *id.*

Vous trouverez toutes ces différentes Pieces dans les deux volumes des Œuvres de Madame de Saintonge, imprimées à Dijon en 1714. chez Antoine de Fay, in-12. J'ai mis tous ces Ouvrages sous la date de l'année 1701. étant la seule qui soit indiquée au divertissement pour le mariage de Leurs Majestés Catholiques, les autres n'en ont aucunes. J'ignore aussi le Musicien qui a travaillé avec elle.

L'Union de la France & de l'Espagne, Prologue en musique, représentée par l'Académie de musique à Lyon, en présence de Monseigneur le Duc de Bourgogne & Monseigneur le Duc de Berry. *Lyon, François Barbier,* 1701. *in-*4°.

1702.

Reprise de Phaëton, *voyez la premiere Représentation de cet Opera, à l'année* 1683.

Reprise d'Omphale, à Trianon devant le Roi le 23 Février, *voyez la premiere Représentation de cet Opera, à l'année* 1701.

Reprise d'Acis & Galatée, le 13 Juin, *voyez la premiere Représentation de cet Opera, à l'année* 1686.

Medus, Roi des Medes, Trag. op. en cinq Actes & un Prologue, représentée le 23 Juillet. Les paroles sont de la Grange, la musique de Bouvard. *Paris, Ballard,* 1702. *in-*4°.

Vous le trouverez dans le septiéme vol. du Recueil des Opera.

Fragmens de M. de Lully, Ballet op. représenté le 10 Septembre. Les paroles sont de Danchet, la musique de Campra. *Paris, Ballard,* 1702. *in-*4°.

Ce Ballet fut donné, composé ainsi,
Un Prologue.
Premiere entrée, Fête Marine.
Deuxième,

ET OPERA. 129

 Deuxiéme, La Bergerie.
 Troifiéme, Le Bal Interrompu.
 Quatriéme, Carifelli, Divertiſſement comique.

Après quelques Repréſentations, on ôta le Bal interrompu, & on y ſubſtitua

 La Serenade Venitienne.

Le 18 Septembre 1708. il fut remis ainſi,

 Un nouveau Prologue.
 Premiere entrée, La Fête Marine.
 Deuxiéme, La Bergerie.
 Troifiéme, Les Bohemiens.
 Quatriéme, Le Bal Interrompu.

Vous le trouverez dans le ſeptiéme vol. du Recueil des Opera, compoſé ainſi,

 Le même Prologue que celui donné en 1702.
 Premiere entrée, Fête Marine.
 Deuxiéme, Les Guerriers.
 Troifiéme, La Bergerie.
 Quatriéme, Les Bohemiens.
 Cinquiéme, Carifelli.

Vous y trouverez encore trois autres entrées.

 Le Triomphe de Venus.
 La Serenade Venitienne.
 Le Bal Interrompu.

Nota. *L'Acte de la Serenade Venitienne a été redonné le 18 Janvier 1731. à la ſuite du Carnaval & la Folie, ſous le titre du* Jaloux Trompé.

R

BALLETS

L'Acte de Cariselli a été remis au Théâtre.

Le 8 Février 1717. précédé de la Grotte de Versailles, de la Serenade Venitienne, de l'Amour-Médecin & du Bal Interrompu.

Le 28 Février 1729. à la suite de la Princesse d'Elide.

Le 28 Mars, même année, à la suite d'Alceste.

Le 20 Février 1730. précédé du Prologue des Amours de Mars & de Venus, de Pourceaugnac, & de la Pastorale Héroïque chantée à la Fête des Ambassadeurs d'Espagne, au sujet de la Naissance de Monseigneur le Dauphin.

Le 5 Février 1731. précédé du Carnaval & la Folie, & suivi de Pourceaugnac.

Le 10 Octobre 1738. de même.

Le 5 Février 1739. de même.

Le 28 Février 1740. précédé de Zaïde, & suivi de Pourceaugnac.

Tancrede, Trag. op. en cinq Actes & un Prologue, représentée le 7 Novembre. Les paroles sont de Danchet, la musique de Campra. *Paris, Ballard*, 1702. in-4°.

Cet Ouvrage a été remis au Théâtre.

Le 10 Octobre 1707. avec des changemens.

Le 8 Juin 1717.

Le 3 Mars 1729.

Le 23 Octobre 1738.

Le 22 Février 1750.

Vous le trouverez dans le huitiéme vol. du Recueil des Opera.

Cet Opera a été représenté sans le Prologue, à Versailles devant le Roi, sur le Théâtre des petits Appartemens, le 10 Décembre 1748.

ACTEURS,

Tancrede,	M. le Duc d'Ayen.
Clorinde,	Madame la Duchesse de Brancas.
Herminie,	Madame la Marquise de Pompadour.
Argant,	M. le Marquis de la Salle.
Ismenor,	M. le Chevalier de Clermont.
Une Guerriere,	Madame de Marchais.
Un Guerrier,	M. le Vicomte de Rohan.
Un Silvain,	M. le Vicomte de Rohan.
Une Nymphe,	Madame de Marchais.
La Vengeance,	M. le Vicomte de Rohan.

1703.

Ulisse, Trag. op. en cinq Actes & un Prologue, représentée le 23 Janvier. Les paroles sont de Guichard, la musique de Rebel le pere. *Paris, Ballard, 1703. in-4°.*

Vous le trouverez dans le huit. vol. du Recueil des Opera.

Reprise de Persée le 9 Février, *voyez la premiere Représentation de cet Opera à l'année 1682.*

Reprise de Psiché le 8 Juin, *voyez la premiere Représentation de cet Opera à l'année 1678.*

Relation de la Fête que M. de Malezieu donna le 4 Août dans sa maison de Chastenay, à M.r & à Madame la Duchesse du Maine; on trouve dans cette relation un petit Acte d'Opera, *intitulé*, Philemon & Baucis, dont les paroles font de M. de Malezieu, & la musique de Mathau.

Nota. *On trouve cette relation dans le Mercure d'Août 1703.*

La même, *voyez* le premier vol. des Divertissemens de Sceaux, *p.* 106.

Les Muses, Ballet op. en quatre Actes & un Prologue, représenté le 18 Octobre. Les paroles sont de Danchet, la musique de Campra. *Paris, Ballard,* 1703. *in-4°.*

 Premier Acte, La Pastorale.
 Deuxième, La Satyre.
 Troisième, Méleagre, ou la Tragédie.
 Quatrième, L'Amour-Médecin, ou la Comédie.

Après quelques Représentations, on substitua *l'Acte d'Amarillis* à celui de la *Pastorale.*

Vous trouverez ces cinq différens Actes, avec le Prologue, dans le huitième vol. du Recueil des Opera.

L'Acte de la Pastorale a été repris dans les fragmens.

 Le 3 Décembre 1711.
 En 1729.

Reprise d'Armide le 27 Novembre, *voyez la première Représentation de cet Opera à l'année* 1686.

Le Carnaval & la Folie, Com. Ballet en quatre Actes & un Prologue, représentée le 27 Décembre 1703. Les paroles sont de la Mothe, la musique de Destouches. *Paris, Ballard,* 1703. *in-4°.*

ET OPERA. 133

Cet ouvrage a été remis au Théâtre.

Le 16 Mai 1719.
Le 13 Juillet 1730.
Le 8 Août 1738. Le 10 Octobre on y ajouta Cariselli.
Le 11 Juin 1748.
Le 24 Juin 1755.

Vous le trouverez dans le huit. vol. du Recueil des Opera.

Le 3 Décembre 1711. on donna dans des fragmens, le Professeur de Folie, Acte tiré dudit Opera.

Reprise de Cadmus, *voyez la premiere Représentation de cet Opera à l'année* 1673.

La Fievre de Palmerin, Pastorale comique en un Acte, faite en 1703. pour être mise en musique. Les paroles sont du Chevalier de Saint Gilles, (*j'ignore si elles ont été mises en musique*) *voyez* LE VOL. INT. LA MUSE MOUSQUETAIRE.

Trois Intermèdes en vers & en musique, pour la Tragédie d'Abdolominus. Les vers françois de ces Intermèdes sont du Pere le Jay, Jésuite, (*je ne connois pas le Musicien*) *voyez* LE VOL. INT. DANIEL. Trag. latine du même Jesuite.

1704.

Reprise d'Isis le 14 Février, *voyez la premiere Représentation de cet Opera à l'année* 1677.

Iphigenie en Tauride, Trag. op. en cinq Actes & un Prologue, repréfentée le 6 Mai. Les paroles font de Duché, la mufique de Defmarets. *Paris, Ballard,* 1704. *in-*4°.

Cet Opera fut donné par les foins de Meffieurs Danchet & Campra, qui compoferent les paroles & la mufique du Prologue, ainfi que celle des deux dernieres Scènes du cinquiéme Acte. Il a été remis au Théatre.

Le 12 Mai 1712.
Le 15 Janvier 1719.
Le 16 Décembre 1734.

Vous le trouverez dans le huit. vol. du Recueil des Opera.

Reprife de Didon le 18 Juillet, *voyez la premiere Repréfentation de cet Opera à l'année* 1693.

Le Prince de Cathay, Com. Ballet en un Acte, repréfentée à Chatenay le 3 Août, dans une Fête que M. de Malezieu y donna à Madame la Ducheffe du Maine. Les paroles font dudit Sr de Malezieu, la mufique de Mathau.

Vous trouverez cet Acte dans le premier volume des Divertiffemens de Sceaux.

Reprife d'Acis & Galatée, le 5 Octobre, *voyez la premiere Repréfentation de cet Opera à l'année* 1686.

Telemaque, fragmens des modernes, Trag. op. en cinq Actes & un Prologue, repréfentée le 11 Novembre. *Paris, Ballard,* 1704. *in-*4°.

Cet Opera eft compofé tant pour les paroles que pour la mufique, de différens morceaux choifis dans les Opera modernes, Danchet en fit un corps d'ouvrage régulier, en y ajoutant ou changeant quelques vers; Campra fit la musique de ces augmentations ou changemens.

Vous le trouverez dans le huitième vol. du Recueil des Opera.

Les Chants de la Paix, Concert de M. Farinel; paroles anonymes. *Lyon, Thomas Amaulri*, 1704. *in-*12.

L'Union de la France & de l'Espagne; musique du Sieur Farinel, paroles anonymes. *Lyon, Thomas Amaulri,* 1704. *in-*12.

1705.

Alcine, Trag. op. en cinq Actes & un Prologue, représentée le 15 Janvier. Les paroles sont de Danchet, la musique de Campra. *Paris, Ballard,* 1705. *in-*4°.

Vous le trouverez dans le huit. vol. du Recueil des Opera.

Reprise de Roland, le 12 Février, *voyez la premiere Représentation de cet Opera à l'année* 1685.

La Venitienne, Com. Ballet en trois Actes & un Prologue, représentée le 26 Mai. Les paroles sont de la Mothe, la musique de la Barre. *Paris, Ballard,* 1705. *in-*4°.

Vous le trouverez dans le huit. vol. du Recueil des Opera.

En 1711. on donna dans des fragmens, un Acte tiré de cet Ouvrage, sous le même titre de la Venitienne.

La Mort d'Hercule, Trag. op. en cinq Actes & un Prologue, représentée le 23 Juin

1705. Les paroles font de Campiftron, la mufique de Louis Lully & de Marais. *Paris, Ballard*, 1705. *in-4°.*

Cet ouvrage a été remis au Théâtre.
Le 18 Août 1716.
Le 15 Octobre 1744.

Vous le trouverez dans le quat. vol. du Recueil des Opera, mais avec le titre d'Alcide fous lequel cet ouvrage fut donné le 3 Février 1693.

L'Impromptu de Livri, Com. Ballet en un Acte, repréfentée à Livri, le 12 Août 1705. Les paroles font de Dancourt, (*j'ignore le nom de l'Auteur de la mufique.*)

Vous trouverez cet ouvrage dans le huitiéme vol. du Théâtre de Dancourt.

Le Divertiffement de Sceaux, Com. Ballet en un Acte, repréfentée à Sceaux le 13 Août. Les paroles font de Dancourt, (*je ne connois pas le Muficien.*)

Vous trouverez cet ouvrage dans le huitiéme vol. du Théâtre de Dancourt.

Reprife du Triomphe de l'Amour le 7 Septembre & le 26 Novembre, *voyez la premiere Repréfentation de cet Opera à l'année* 1681.

Philomele, Trag. op. en cinq Actes & un Prologue, repréfentée le 20 Octobre. Les paroles font de Roy, la mufique de la Cofte. *Paris, Ballard*, 1705. *in-4°.*

Cet Ouvrage a été remis au Théâtre.

Le 8 Octobre 1709. avec des changemens.
Le 27 Avril 1723.
Le 19 Octobre 1734.

Vous le trouverez dans le neuv. vol. du Recueil des Opera.

Reprife de Bellerophon, le 10 Décembre 1705. *voyez la premiere Repréfentation de cet Opera à l'année* 1679.

1706.

Alcione, Trag. op. en cinq Actes & un Prologue, repréfentée le 18 Février. Les paroles font de la Mothe, la mufique de Marais. *Paris, Ballard,* 1706. *in-*4°.

Cet Ouvrage a été remis au Théâtre.

Le 17 Avril 1719.
Le 9 Mai 1730.
Le 21 Septembre 1741.

Le 31 *Octobre on retrancha le Prologue, & après le cinquiéme Acte on donna le Temple de Gnide, Paftorale en un Acte dont je parlerai, fous ladite année* 1741.

Le 15 Octobre 1756.
Le 5 Mai 1757.

Vous le trouverez dans le neuv. vol. du Recueil des Opera.

Reprife de l'Europe Galante, le 18 Mai, *voyez la premiere Repréfentation de cet Opera à l'année* 1697.

Caſſandre, Trag. op. en cinq Actes & un Prologue, repréſentée le 22 Juin. Les paroles ſont de la Grange, la muſique de Bouvard & de Bertin. *Par. Ballard*, 1706. *in*-4°.

Vous le trouverez dans le neuv. vol. du Recueil des Opera.

Repriſe des Fêtes de l'Amour & de Bacchus, en Août, *voyez la premiere Repréſentation de cet Opera à l'année* 1672.

Le Profeſſeur de Folie, Divertiſſement en un Acte, tiré du troiſiéme Acte du Ballet op. int. le Carnaval & la Folie, donné le 17 Septembre à la ſuite des Fêtes de l'Amour & de Bacchus, 1706. *in*-4°.

Polixene & Pirrhus, Trag. op. en cinq Actes & un Prologue, repréſentée le 21 Octobre. Les paroles ſont de la Serre, la muſique de Colaſſe. *Paris, Ballard*, 1706. *in*. 4°.

Vous le trouverez dans le neuv. vol. du Recueil des Opera.

Repriſe d'Alceſte le 25 Novembre, *voyez la premiere Repréſentation de cet Opera à l'année* 1674.

LES GRANDES NUITS DE SCEAUX.

On ne trouve rien dans les trois premieres qui ait quelque rapport au genre Lyrique.

Quatriéme grande Nuit.

Dialogue d'Heſperus & de l'Aurore, paroles de l'Abbé Geneſt, muſique de Marchand, p. 137.

ET OPERA. 139

Cinq. grande Nuit, p. 140. en trois Intermèdes.

Premier. Le Sommeil chassé du Château, paroles de M. de Malezieu, musique de Mouret, *p.* 147.

Deuxiéme. Zephire & Flore, par les mêmes, *p.* 152.

Troisiéme. Vertumne & Pomone, paroles de l'Abbé Genest, musique de Marchand.

Septiéme grande Nuit, p. 160.

Il n'y a qu'un seul Intermède, dont le sujet est, Messieurs de l'Observatoire venans consulter M. de Malezieu, sur l'aparition d'un nouvel astre, *(Madame la Duchesse du Maine)* paroles de M. de Gavaudun, musique de Mouret, *p.* 162.

Neuv. grande Nuit, p 169. en trois Intermèdes.

Premier. Le Roi consulte un Magicien, paroles de M. de Caumont, (*maintenant Duc de la Force*) musique de Mouret, *p.* 172.

Deuxiéme. L'Amour piqué par une Abeille, par les mêmes, *p.* 194.

Troisiéme. Le Prologue & Epilogue (EN VERS) d'une petite Piece Italienne, *p.* 200.

Dix. grande Nuit, p. 204. en deux Intermèdes.

Premier. Les Egyptiennes, paroles de Roy, musique de Marchand, *p.* 205.

Deuxiéme. Le Palais d'Urgande, paroles de Roy, musique de Mouret, *p.* 215.

Douz. grande Nuit, p. 222. en trois Intermèdes.

Premier. Le Mystère, paroles de Destouches, musique de Mouret, *p.* 227.

S ij

Deuxiéme. Aftrée, par les mêmes, p. 235.
Troifiéme. Cerès, paroles du même, mufique de Marchand, p. 243.

Treiziéme grande Nuit, p. 249.

Ragonde, Ballet op. en trois Actes; paroles du même, mufique de Mouret, p. 254. L'on parlera de ce même ouvrage auquel on fit des changemens fous l'année 1742.

Quat. grande Nuit, p. 289. en trois Intermèdes

Premier. La Ceinture de Venus, paroles de la Motte, mufique de Mouret, p. 290.
Deuxiéme. Apollon & les Mufes, par les mêmes, p. 294.
Troifiéme. Apollon & Momus, par les mêmes, p. 300.

Quinziéme grande Nuit, p. 303.

L'Eclipfe en trois Intermèdes, paroles de Malezieu, mufique de Mouret, p. 303.

Seiziéme grande Nuit, p. 326.

Le Bon Goût en trois Intermèdes, paroles & mufique anonymes, p. 327.

Vous trouverez à la page indiquée tous ces différens ouvrages dans la fuite, ou deuxiéme vol. des Divertiffemens de Sceaux, Paris, chez Etienne Ganeau 1725. in-12.

1707.

Reprife d'Amadis de Gaule, le premier Mars, *voyez la premiere Repréfentation de cet Opéra à l'année* 1684.

Bradamante, Trag. op. en cinq Actes & un Prologue, repréfenté le 2 Mai. Les paroles font de Roy, la mufique de la Cofte. *Paris, Ballard,* 1707. *in-4°.*

Vous le trouverez dans le neuv. vol. du Recueil des Opera.

Reprife du Ballet des Saifons, le 20 Septembre, *voyez la premiere Repréfentation de cet Opera à l'année 1695.*

Reprife de Tancrede, le 20 Octobre, *voyez la premiere Repréfentation de cet Opera à l'année 1702.*

Reprife de Thefée, le 17 Novembre, *voyez la premiere Repréfentation de cet Opera à l'année 1675.*

La Bataille de Hoogftet, Trag. op. en trois Actes, ornée d'entrées de Ballet & de changemens de Théâtre. Les paroles font de Quefnot de la Chenée. (*j'ignore le nom du Muficien*) Plufieurs airs détachés, ajoutés à la bataille de Hoogftet, pour fervir de divertiffement après la repréfentation de cette Trag. op. & de cette fameufe Victoire, *aux dépens de l'Auteur*, 1707. *in-*4°. *fans nom de Ville ni d'Imprimeur.*

J'ignore fi cet ouvrage a été repréfenté.

1708.

Hippodamie, Trag. op. en cinq Actes & un Prologue, repréfentée le 6 Mars. Les paroles font de Roy, la mufique de Campra. *Paris, Ballard,* 1708. *in-*4°.

Vous le trouverez dans le neuv. vol. du Recueil des Opera.

Reprife de Thetis & Pelée, le 16 Avril, *voyez la premiere Repréfentation de cet Opera à l'année 1689.*

Reprise des Fragmens de M. de Lully, le 19 Septembre, *voyez la premiere Repréfentation de cet Opera à l'année* 1702.

Reprise d'Iffé, le 14 Octobre. *Les Auteurs le donnerent alors en cinq Actes, ils l'avoient donné la premiere fois en trois, voyez la premiere Repréfentation de cet Opera à l'année* 1697.

Reprise d'Atis, le 29 Novembre, *voyez la premiere Repréfentation de cet Opera à l'année* 1676.

1709.

Semelé, Trag. op. en cinq Actes & un Prologue, repréfentée le 9 Avril 1709. Les paroles font de la Mothe, la mufique de Marais. *Paris, Ballard,* 1709. *in*-4°.

Vous le trouverez dans le neuv. vol. du Recueil des Opera.

Meleagre, Trag. op. en cinq actes & un Prologue, repréfentée le 24 Mai. Les paroles font de Jolli, la mufique de Baptiftin, *Paris, Ballard,* 1709 *in*-4°.

Vous le trouverez dans le dix. vol. du Recueil des Opera.

Reprise d'Hefione, le 19 Juillet, *voyez la premiere Repréfentation de cet Opera à l'année* 1700.

Reprise de Philomele, le 8 Octobre, *voyez la premiere Repréfentation de cet Opera à l'année* 1705.

Reprise de Roland, le 15 Novembre, *voyez la premiere Repréfentation de cet Opera à l'année* 1685.

Reprise d'Atis, le 28 Novembre, *voyez la premiere Repréfentation de cet Opera à l'année* 1676.

1710.

Reprise de Phaëton, le 5 Janvier, *voyez la premiere Repréfentation de cet Opera à l'année* 1683.

Diomede, Trag. op. en cinq Actes & un Prologue, repréfentée le 28 Avril. Les paroles font de la Serre, la mufique de Bertin. *Paris, Ballard*, 1710. *in-*4°.

Vous le trouverez dans le dix. vol. du Recueil des Opera.

Les Fêtes Venitiennes, Ballet op. repréfenté le 17 Juin. Les paroles font de Danchet, la mufique de Campra.

Cet ouvrage a été remis au Théâtre.

Le 15 Octobre 1712.
Le 10 Mars 1713.
Le 10 Juillet 1721.
Le 4 Juin 1731.
Le 19 Juillet 1740.
Le 16 Juillet 1750.

A la premiere Repréfentation ce Spectacle étoit ainfi compofé.

Le Prologue, *int.* le Triomphe de la Folie fur la raifon.

Premiere entrée. La Fête des Barqueroles.
La deuxiéme. La Serenade & les Joueurs.
La troisiéme. L'Amour Saltimbanque.

A la dixiéme Représentation le 8 Juillet on substitua à l'entrée de la Fête des Barqueroles.

La Fête Marine.

A la vingt-troisiéme le 8 Août on supprima le Prologue, & on mit en place

Le Bal.

A la trente-quatriéme le 5 Septembre on supprima la Serenade, & on mit en place

Les Devins de la Place S. Marc.

A la cinquante-uniéme le 14 Octobre on supprima la Fête Marine, & on mit en place

L'Opera, on y ajouta aussi un Prologue nouveau, *int.* le Carnaval dans Venise.

Voici comment ce Spectacle étoit alors arrangé.

Un Prologue, *int.* le Carnaval dans Venise.
Premiere entrée. Les Devins de la Place S. Marc.
Deuxiéme. L'Amour Saltimbanque.
Troisiéme. L'Opera.
Quatriéme. Le Bal.

On y a ajouté encore, mais j'ignore quel jour, une nouvelle entrée, intitulée :

Le Triomphe de la Folie.

Vous trouverez toutes ces différentes entrées dans le dixiéme vol. du Recueil des Opera.

Le Bal, Acte de ce Ballet op. a été représenté devant le Roi,

Roi à Versailles sur le Théâtre du Château, le 5 Mars 1755.

Vous trouverez cet Acte dans le vol. int. *Spectacles de Versailles,* tome I.

Reprise de Persée, le 20 Novembre, *voyez la premiere Représentation de cet Opera à l'année* 1682.

Vers 1710.

Concert des Dieux, pour le mariage de S. A. R. Monseigneur le Prince de Lorraine, chanté au Château de Fains, en présence de Leurs A. R. Paroles anonymes, musique de P. l'Avocat. *Dijon, Jean Repaire, in-*8°.

1711.

Manto-la-Fée, Trag. op. en cinq Actes & un Prologue, représentée le 29 Janvier. Les paroles sont de Menesson, la musique de Batistin. *Paris, Ballard,* 1711. *in-*4°.

Vous le trouverez dans le dix. vol. du Recueil des Opera.

Reprise d'Iphigenie en Tauride, le 12 Mai, *voyez la premiere Représentation de cet Opera à l'année* 1704.

Reprise de Cadmus & Hermione, le 28 Août, *voyez la premiere Représentation de cet Opera à l'année* 1673.

Reprise d'Amadis de Grece, le 3 Novembre, *voyez la premiere Repréfentation de cet Opera à l'année* 1711.

Nouveaux Fragmens, repréfentés le 3 Décembre. *Paris, Ballard,* 1711. *in-*4°.

Ces fragmens font ainfi compofés,

Le Prologue du Triomphe de l'Amour... *Voyez à l'année* 1681.

Premiere entrée, la Paftorale, Acte du Ballet op. des Mufes; *voyez à l'année* 1703.

Deuxiéme. Le Profeffeur de Folie, tiré du Ballet du Carnaval & la Folie, *voyez à l'année* 1703.

Troifiéme. La Venitienne, tirée du Ballet de la Venitienne, *voyez à l'année* 1705.

Abelle Oratorio, Trag. op. anon. en Italien avec le françois à côté & en trois Actes. *Valenciennes, Gabriel-François Henri,* 1711. *in-*12.

L'Italien eft en vers, la traduction françoife eft en profe.

1712.

Idomenée, Trag. op. en cinq Actes & un Prologue, repréfentée le 12 Janvier. Les paroles font de Danchet, la mufique de Campra. *Paris, Ballard,* 1712. *in-*4°.

Cet ouvrage a été remis au Théâtre.

Le 3 Avril 1731.

Vous le trouverez dans le dix. vol. du Recueil des Opera.

Creufe, Trag. op. en cinq Actes & un

Prologue, représentée le 5 Avril. Les paroles sont de Roy, la musique de la Coste. *Paris, Ballard*, 1712. *in-*4°.

Vous le trouverez dans le dix. vol. du Recueil des Opera.

Reprise de Thetis & Pelée, le 13 Mai, *voyez la premiere Représentation de cet Opera à l'année* 1689.

Reprise du Ballet op. des Saisons, le 12 Juillet, *voyez la premiere Représentation de cet Opera à l'année* 1695.

Les Amours de Mars & de Venus, Ballet op. en trois Actes & un Prologue, représenté le 6 Septembre. Les paroles sont de Danchet, la musique de Campra. *Paris, Ballard*, 1712. *in-*4°.

Vous le trouverez dans le dix. vol. du Recueil des Opera.

Reprise d'Achille & Polixene, le 11 Octobre, *voyez la premiere Représentation de cet Opera à l'année* 1687.

Reprise des Fêtes Venitiennes, le 15 Octobre, *voyez la premiere Représentation de ce Ballet à l'année* 1710.

Callirhoé, Trag. op. en cinq Actes & un Prologue, représentée le 27 Décembre. Les paroles sont de Roy, la musique de Destouches. *Paris, Ballard*, 1712. *in-*4°.

148 BALLETS

Cet ouvrage a été remis au Théâtre.

Le 16 Mars 1713. avec des changemens.
Le 3 Janvier 1732.
Le 6 Octobre 1743.

Vous le trouverez dans le dix. vol. du Recueil des Opera.

Zoroaftre, Trag. op. en cinq Actes & un Prologue.
Arion, Trag. op. en cinq Actes & un Prologue.
Melufine, Trag. op. en cinq Actes & un Prologue.
Semélé, Trag. op. en cinq Actes & un Prologue.
Hypocrate Amoureux, Paftorale comique, en trois Actes & un Prologue.
Frederic, Trag. op. en trois Actes & un Prologue.
Europe, Trag. op. en cinq Actes & un Prologue.

Ces fept Opera n'ont jamais été mis en mufique, & font de M. le Brun, ils fe trouvent raffemblés dans un vol. in-12. int. *Théâtre Lyrique*, avec une Préface où l'on traite du Poëme de l'Opera, & la réponfe à une Epitre fatyrique contre ce Spectacle, par M. le B..(*LE BRUN*) Paris, Pierre Ribou, 1712. in-12

Quoique ces Opera ayent certainement été faits avant l'année 1712; n'ayant pû découvrir nulle trace du tems où ils ont été compofés, je n'ai pû indiquer d'autre date que celle de l'année où ils ont été imprimés.

1713.

Reprife des Fêtes Venitiennes, le 10 Mars, *voyez la premiere Repréfentation de cet Opera à l'année* 1710.

Reprife de Callirhoé, le 16 Mars, avec

des changemens, *voyez la premiere Repréfentation de cet Opera à l'année* 1712.

Medée & Jafon, Trag. op. en cinq Actes & un Prologue, repréfentée le 24 Avril. Les paroles font de la Rocque, la mufique de Salomon. *Paris, Ballard,* 1713. *in*-4°.

Cet ouvrage a été remis au Théâtre.

Le premier Mai 1727.
Le 22 Novembre 1736.
Le 20 Février 1749.

Vous le trouverez dans le dix. vol. du Recueil des Opera.

L'Impromptu de Surefne, en un Acte, repréfenté à Surefne, devant S. A. E. Monfeigneur le Duc de Baviere, le 21 Mai; mufique anonyme, paroles de Dancour.

Vous le trouverez dans le huit. vol. du Théâtre de Dancourt.

Reprife de Pfiché, le 22 Juin, *voyez la premiere Repréfentation de cet Opera à l'année* 1678.

Les Amours déguifés, Ballet op. en trois Actes & un Prologue, repréfenté le 22 Août. Les paroles font de Fufelier, la mufique de Bourgeois.

Premier Acte. La haine.
Deuxiéme. L'Amitié.
Troifiéme. L'Eftime.

BALLETS

Cet ouvrage a été remis au Théâtre.

En 1714. avec un Acte nouveau.
Le 13 Septembre 1726.

Vous le trouverez dans le onz. vol. du Recueil des Opera.

Telephe, Trag. op. en cinq Actes & un Prologue, repréfentée le 23 Novembre. Les paroles font de Danchet, la mufique de Campra. *Paris, Ribou,* 1713. *in-4°.*

Vous le trouverez dans le onz. vol. du Recueil des Opera.

Reprife d'Armide, le 26 Décembre, *voyez la premiere Repréfentation de cet Opera à l'année* 1686.

1714.

Arion, Trag. op. en cinq Actes & un Prologue, repréfentée le 10 Avril. Les paroles font de Fufelier, la mufique de Mathau. *Paris, Ribou,* 1714. *in-4°.*

Vous le trouverez dans le onz. vol. du Recueil des Opera.

Reprife d'Armide, en Juin, *voyez la premiere Repréfentation de cet Opera à l'année* 1686.

Le Réciproque, Divertiffement en mufique en trois Actes, repréfenté à Raifmes, près Valenciennes, en Juillet. Paroles & mufiques anon. *Valenciennes, Gabriel-François Henri,* 1714. *in-12.*

Les Fêtes de Thalie, Ballet op. en trois

Actes & un Prologue, représenté le 4 Août. Les paroles sont de la Font, la musique de Mouret, *Paris, Ribou*, 1714. *in*-4°.

Premier Acte. La Fille.
Deuxiéme. La Veuve.
Troisiéme. La Femme.

Le 9 Octobre, on y ajouta, un quatriéme Acte, *int.* la Critique des Fêtes de Thalie.

Cet Ouvrage a éte remis au Théatre.

Le 12 Mars 1715. & l'on ôta l'Acte de la Veuve, pour mettre à la place celui de la veuve Coquette.
Le 25 Juin 1722. le 17 Septembre, on y ajouta l'Acte de la Provençale.
Le 2 Juin 1735. avec les mêmes Actes.
Le 29 Juin 1745. *idem.*
Le 13 Janvier 1746. *idem.*
Le 24 Septembre 1754. *idem.*

Vous le trouverez avec tous les différens Actes, hors celui de la Provençale, dans le onz. vol. du Recueil des Opera.

La Femme, Acte dudit Ballet, a été représenté devant le Roi à Versailles sur le Théâtre du Château, le 9 Janvier 1755.

Vous le trouverez dans le vol. int. Spectacles de Versailles, tome I.

Telemaque, Trag. op. en cinq Actes & un Prologue, représentée le 29 Novembre. Les paroles sont de l'Abbé Pellegrin, la musique de Destouches. *Paris, Ribou*, 1714. *in*-4°.

BALLETS

Cet ouvrage a été remis au Théâtre.

Le 23 Février 1730.

Vous le trouverez dans le onz. vol. du Recueil des Opera.

L'Impromptu de Nifmes, Paftorale en un Acte, repréfentée chez M. le Marquis de Maillebois, le 9 Décembre. Les paroles font de Mandajors, la mufique de Mallet. *Nifmes, Jean Martel,* 1714. *in-*4°.

Reprife des Amours déguifés en 1714. *voyez la premiere Repréfentation de cet Opera à l'année* 1713.

1715.

Reprife de Proferpine, le 7 Mars, *voyez la premiere Repréfentation de cet Opera à l'année* 1680.

Reprife des Fêtes de Thalie, le 12 Mars, *voyez la premiere Repréfentation de cet Opera à l'année* 1714.

Les Plaifirs de la Paix, Ballet op. en trois Actes & un Prologue, & quatre Intermèdes, repréfenté le 29 Avril. Les paroles font de Menellon, la mufique de Bourgeois. *Paris, Ribou,* 1714. *in-*4°.

Le premier Acte. L'Affemblée.
Le deuxiéme. Fête des Buveurs.
Le troifiéme. Le Jaloux puni, ou la Serenade.

Vous le trouverez dans le onz. vol. du Recueil des Opera.

Reprife

Reprise de Zephire & Flore, le 23 Juin, *voyez la premiere Représentation de cet Opera à l'année* 1688.

Reprise de l'Europe galante, le 20 Août, *voyez la premiere Représentation de cet Opera à l'année* 1697.

Théonoé, Trag. op. en cinq Actes & un Prologue, représentée le 3 Décembre. Les paroles sont de la Roque, la musique de Salomon. *Paris, Ribou,* 1715. *in-*4°.

Vous le trouverez dans le onz. vol. du Recueil des Opera.

1716.

Reprise d'Alceste, le 16 Janvier, *voyez la premiere Représentation de cet Opera à l'année* 1674.

Ajax, Trag. op. en cinq Actes & un Prologue, représentée le 2 Avril. Les paroles sont de Menesson, la musique de Bertin. *Paris, Ribou,* 1716. *in-*4°.

Cet ouvrage a été remis au Théâtre,

Le 16 Juin 1726.
Le 2 Août 1742.
Le 13 Mai 1755.

Vous le trouverez dans le onz. vol. du Recueil des Opera.

Le Génie de Panthemont, ou les Fêtes de Flore & des Plaisirs, célébrées à l'honneur de Madame Charlotte Colbert de Croiſſy, Abbeſſe de l'Abbaye Royale de Panthemont à Paris, le jour de ſa Réception au mois d'Avril; muſique anonyme, paroles de Mademoiſelle Marie-Marguerite Bernardine, fille de feu M. Foucquier du Chaufour, Conſeiller de Lille en Flandres. *Paris, Claude Thibouſt*, 1716. *in-4°.*

Les Fêtes de l'Eté, Ballet op. en trois Actes & un Prologue, repréſenté le 12 Juin. Les paroles ſont de l'Abbé Pellegrin, la muſique de Monteclair. *Paris, Ribou,* 1716. *in-4°.*

Premier Acte. Les Matinées d'été.
Deuxiéme. Les Soirées d'été.
Troiſiéme. Les Nuits d'été.

Au mois de Septembre on y ajouta

Les Jours d'été, il ſervit de deuxiéme Acte.

Cet ouvrage a été remis au Théâtre.

Le 28 Août 1725. ſeulement en trois Actes, & ſans celui ajouté.

Vous le trouverez, avec l'Acte ajouté, dans le douz. vol. du Recueil des Opera.

Repriſe de la mort d'Hercule, le 18 Août, voyez *la premiere Repréſentation de cet Opera à l'année* 1705.

Hypermneſtre, Trag. op. en cinq Actes & un Prologue, repréſentée le 3 Novembre. Les paroles sont de la Font, la musique de Gervais. *Paris, Ribou,* 1716. *in*-4°.

Cet Ouvrage a été remis au Théâtre.

Le 20 Avril 1717. avec un nouveau cinquiéme Acte.
Le 25 Mai 1728.
Le 18 Août 1746.

Vous le trouverez dans le douz. vol. du Recueil des Opéra.

Reprise de Roland, le 15 Novembre, *voyez la premiere Représentation de cet Opera à l'année* 1685.

Reprise des Fêtes de l'Amour & de Bacchus, *voyez la premiere Représentation de cet Opera à l'année* 1672.

1717.

Sylvanire, ou les Amans réunis, Pastorale Héroïque en trois Actes & un Prologue, représentée à Valenciennes par un Société d'amis, le 16 Janvier 1717. Les paroles sont du Sieur Macort, la musique du Sieur Ponchelez. *Mons, Gaspard Migeot,* 1717. *in*-8°.

Reprise de la Grotte de Versailles, le 8 Février, *voyez la premiere Représentation de cet ouvrage à l'année* 1668.

Reprise de Cariselli, le même jour, *voyez la premiere Représentation de ce Divertissement à l'année* 1701.

Ces deux ouvrages furent donnés dans des frag-

mens arrangés ainsi, la Grotte de Versailles, la Serenade Venitienne, l'Amour-Médecin, le Bal interrompu & Cariselli.

Ariane, Trag. op. en cinq Actes & un Prologue, représentée le 6 Avril. Les paroles sont des Sieurs Roy & la Grange, la musique de Mouret. *Paris, Ballard,* 1697. *in-*4°.

Vous le trouverez dans le douz. vol. du Recueil des Opera.

Reprise d'Hypermnestre, avec un cinquiéme Acte nouveau, le 20 Avril, *voyez la premiere Représentation de cet Opera à l'année* 1716.

Reprise de Tancrede, le 8 Juin, *voyez la premiere Représentation de cet Opera à l'année* 1702.

Reprise de Venus & Adonis, le 17 Août, *voyez la premiere Représentation de cet Opera à l'année* 1697.

Reprise d'Isis, le 14 Septembre, *voyez la premiere Représentation de cet Opera à l'année* 1677.

Camille, Reine des Volsques, Trag. op. en cinq Actes & un Prologue, représentée le 9 Novembre. Les paroles sont de Danchet, la musique de Campra. *Paris, Ballard,* 1717. *in-*4°.

Vous le trouverez dans le douz. vol. du Recueil des Opera.

ET OPERA. 157

Doris, Pastorale, composée pour être mise en musique. *Dijon, J. B. Augé,* 1717. *in-*12.

1718.

Reprise de Bellerophon, le 11 Janvier, *voyez la premiere Représentation de cet Opera à l'année* 1679.

Ballet de la Jeunesse, représenté devant le Roi, au Palais des Thuilleries, le 16 Février. Les paroles sont de Beauchamps, la musique des Sieurs Matho & Alarius. *Paris, Ballard,* 1718. *in-*4°.

Reprise d'Amadis de Gaule, le 26 Avril, *voyez la premiere Représentation de cet Opera à l'année* 1684.

Le Jugement de Paris, Pastorale Héroïque en trois Actes & un Prologue, représentée le 14 Juin 1718. Les paroles sont de l'Abbé Pellegrin, la musique de Bertin. *Paris, Ribou,* 1718. *in-*4°.

Cet Ouvrage a été remis au Théâtre.
Le 17 Juillet 1727.

Vous le trouverez dans le douz. vol. du Recueil des Opera.

Les Ages, Ballet op. en trois Actes & un Prologue, représenté le 9 Octobre 1718. Les paroles sont de Fuselier, la musique de Campra. *Paris, Ribou,* 1718. *in-*4°.

Premier Acte. La Jeunesse ou l'Amour ingenu.
Deuxiéme. L'Age viril, ou l'Amour coquet.
Troisiéme. La Vieillesse, ou l'Amour joué.

Cet Ouvrage a été remis au Théâtre.
Le 10 Octobre 1724.

Vous le trouverez dans le douz. vol. du Recueil des Opera.

Reprise d'Acis & Galatée, le 18 Octobre, *voyez la premiere Représentation de cet Opera à l'année* 1686.

Semiramis, Trag. op. en cinq Actes & un Prologue, représentée le 7 Décembre. Les paroles sont de Roy, la musique de Destouches. *Paris, Ribou,* 1718. *in*-4°.

Vous le trouverez dans le douz. vol. du Recueil des Opera.

Rodope, ou l'Opera perdu, Poëme lyrique en trois Actes.
Les Fêtes de Corinthe, Com. Ballet en trois Actes & un Prologue.
Le Galant-Corsaire, Com. Ballet en un Acte.
Mercure & Dryope, Pastorale en un Acte.

Ces quatre ouvrages n'ont point été mis en musique; les paroles sont du Sr Autreau, vous les trouverez dans le quat. vol. de son Théâtre.

La Fête de l'Amour & de l'Hymen, Pastorale en un Acte & un Prologue. Les paroles sont du Sieur Alleau, (*j'ignore si elles ont été mises en musique.*) VOUS LES TROUVEREZ DANS LE VOL. INT. ŒUVRES MÊLÉES DE M. D'ALLEAU.

Vers 1718.

Les Epreuves, Ballet Héroïque en trois Actes. Les paroles sont de Madame de Gomez, elles n'ont point été mises en musique. Cet ouvrage n'est pas achevé, il n'y a que les deux premiers Actes de finis. L'on trouve à la suite de ces deux premiers Actes, le plan du troisiéme.

Vous le trouverez dans le vol. int. Œuvres mêlées de Madame de Gomez.

1719.

Reprise d'Iphigenie en Tauride, le 15 Janvier, *voyez la premiere Représentation de cet Opera à l'année* 1704.

Reprise d'Alcione, le 17 Avril, *voyez la premiere Représentation de cet Opera à l'année* 1706.

Reprise du Carnaval & la Folie, le 16 Mai, *voyez la premiere Représentation de cet Opera à l'année* 1703.

Les Plaisirs de la Campagne, Ballet op. en trois Actes & un Prologue, représenté le 10 Août. Les paroles sont de l'Abbé Pellegrin, la musique de Bertin. *Paris, Ribou,* 1719. *in*-4°.

Premier Acte, La Pêche.
Deuxiéme, La Vendange.
Troisiéme, La Chasse.

Vous le trouverez dans le douz. vol. du Recueil des Opera.

Reprife d'Iffé, le 7 Septembre, *voyez la premiere Repréfentation de cet Opera à l'année 1697.*

1720.

Polidore, Trag. op. en cinq Actes & un Prologue, repréfentée le 15 Février. Les paroles font de la Serre, la mufique de Baptiftin. *Paris, Ribou,* 1720. *in*-4°.

Cet ouvrage a été remis au Théâtre.
Le 21 Avril 1739.

Vous le trouverez dans le treiz. vol. du Recueil des Opera.

J'ai cet Opera in-fol. manufcrit fans la mufique. mais avec une Epître dédicatoire à M. le Duc de la Force, c'eft l'exemplaire que le Sieur de la Serre lui préfenta comme à fon Protecteur.

Les Amours de Protée, Ballet op. en trois Actes & un Prologue, repréfenté le 16 Mai. Les paroles font de la Font, la mufique de Gervais. *Paris, Ribou,* 1720. *in*-4°.

Cet Ouvrage a été remis au Théâtre.
Le 7 Septembre 1728,

Vous le trouverez dans le treiz. vol. du Recueil des Opéra.

Reprife de Scylla, en Octobre, *voyez la premiere Repréfentation de cet Opera à l'année 1701.*

Reprife de Thefée, le 5 Décembre, *voyez la*

la premiere Répréfentation de cet Opera à l'année 1675.

Les Folies de Cardenio, Piece Héroï-Comique, deuxiéme Ballet, danfé par le Roi, dans fon Château des Thuilleries, le 13 Décembre. Cette Piece eft en trois Actes en profe, précédée d'un Prologue en vers, chanté par les Demoifelles Antier & Bury, & par les Sieurs Boutelou & Muraire. Il y a aufli dans cette même Piece trois entrées, mêlées de chants & de danfes, dont la derniere eft intitulée : L'Union de l'Hymen & de l'Amour. Les paroles de tout l'ouvrage font de Coypel, la mufique de la Lande. *Paris, Ballard,* 1721. *in-*4°.

Le Roi & les Seigneurs de fa Cour danferent dans les Ballets.

Le Prologue & les Intermèdes de cet ouvrage, fans la Comédie, qui ne fut imprimée qu'en 1721. lorfqu'on redonna ce Spectacle, & tels qu'ils furent diftribués à la premiere Repréfentation. *Paris, Ballard,* 1720. *in-*4°.

Les mêmes fous ce titre.

Deuxiéme Ballet, danfé par le Roi dans fon Château des Thuilleries, le 30 Décembre 1720. Les paroles font de Coypel, la mufique de la Lande. *Paris, Ballard,* 1720. *in-*4°.

Vers 1720.

Pourceaugnac, Divertissement comique en un Acte, tiré du Carnaval, Mascarade donné en 1675. dont les paroles sont de différens Auteurs, & la musique de Lully, *in-4°. sans date, ni nom de Ville ni d'Imprimeur.*

Cet ouvrage a été donné très-souvent pendant les jours gras.

Ouvrage en vers, divisé par Scènes ; c'est une espece d'Acte de Bergerie, fort médiocre, & qui n'a pas été mis en musique, *in-fol. Mss.*

Le Voyage de Cythere, Pastorale en un Acte, *Mss. in-4°.*

1721.

Endimion ou l'Amour vangé, Pastorale Italienne, mêlée de Scènes françoises, représenté devant le Roi dans son Château des Thuilleries, le 25 Janvier. *Paris, Ballard, 1721. in-4°.*

Reprise d'Issé en Février, *voyez la premiere Représentation de cet Opera à l'année* 1697.

Reprise d'Omphale, le 21 Avril, *voyez la premiere Représentation de cet Opera à l'année* 1701.

Reprise des Fêtes Venitiennes, le 10 Juillet, *voyez la premiere Représentation de cet Opera à l'année* 1710.

Reprise de Phaëton, le 11 Novembre, *voyez la premiere Représentation de cet Opera à l'année* 1683.

Les Elemens, Ballet op. en quatre Actes & un Prologue, représenté au Palais des Thuilleries, le 22 Décembre. Les paroles sont de Roy, la musique de Destouches. *Paris, Ballard,* 1721. *in-*4°.

C'est le troisiéme Ballet, dans lequel le Roi ait dansé avec les Seigneurs de sa Cour.

Cet ouvrage a été donné sur le Théâtre de l'Opera.

 Le 29 Mai 1725. *avec beaucoup de changemens.*
 Le 11 Février 1727.
 Le 27 Mai 1734.
 Le 22 Mai 1742.
 Le 14 Mai 1754.
 Le Prologue est le développement du Cahos.
 Le premier Acte, l'Air, ou Ixion.
 Le deuxieme, l'Eau, ou Leucosie.
 Le troisieme, le Feu, ou Emilie Vestale.
 Le quatrieme, la Terre, ou Vertumne & Pomone.

Vous le trouverez dans le treiz. vol. du Recueil des Opera.

Le 23 Décembre 1748. le Prologue, le premier Acte & le troisiéme de ce Ballet ont été représentés devant le Roi à Versailles sur le Théâtre des petits Appartemens.

ACTEURS du Prologue.

Le Deſtin,	M. le Marquis de la Salle.
Venus,	Madame de Marchais.

ACTEURS du premier Acte.

Ixion,	M. le Marquis de la Salle.
Junon,	Madame la Ducheſſe de Brancas.
Mercure,	M. le Vicomte de Rohan.
Jupiter,	Un Chanteur de la muſique.

ACTEURS du troiſiéme Acte.

Emilie,	Madame la Marquiſe de Pompadour.
Valere,	M. le Duc d'Ayen.
L'Amour,	Un Chanteur de la muſique.

Vous trouverez ce Prologue & ces deux Actes dans le deuxiéme vol. du Théâtre des petits Appartemens.

La Terre, ou Vertumne & Pomone, quatriéme Acte de ce Ballet, fut repréſenté devant le Roi à Verſailles ſur le Théâtre des petits Appartemens, le 15 Janvier 1749.

ACTEURS.

Pomone,	Madame la Marquiſe de Pompadour.
Vertumne,	M. le Vicomte de Rohan.
Pan,	M. le Chevalier de Clermont.
Une Bergere,	Madame de Marchais.

Vous trouverez cet Acte dans le deuxiéme vol. du Théâtre des petits Appartemens.

Le Feu, ou Emilie, Veſtale, troiſiéme

Acte de ce Ballet, a été représenté devant le Roi à Versailles sur le Théâtre du Château, le 19 Février 1755.

Vous trouverez cet Acte dans le vol. int. *Spectacles de Versailles*, tome I.

La Terre, ou Vertumne & Pomone, quatriéme Acte de ce Ballet, a été représenté devant le Roi à Versailles sur le Théâtre du Château, le 26 Février 1755.

Vous trouverez cet Acte dans le vol. int. *Spectacles de Versailles*, tome I.

1722.

Renaud, ou la suite d'Armide, Trag. op. en cinq Actes & un Prologue, représentée le 5 Mars. Les paroles sont de l'Abbé Pellegrin, la musique de Desmarets. *Paris, Ribou,* 1722. *in-*4°.

Vous le trouverez dans le treiz. vol. du Recueil des Opera.

Reprise du Ballet des Saisons, le 12 Mai, *voyez la premiere Représentation de ce Ballet à l'année* 1695.

Reprise des Fêtes de Thalie, le 25 Juin, *voyez la premiere Représentation de ce Ballet à l'année* 1714.

Reprise de Persée, le 20 Novembre, *voyez la premiere Représentation de cet Opera à l'année* 1682.

La Fête de l'Isle-Adam, paroles anonymes, musique de Campra. *Paris, Coignard, 1722. in-4°.*

1723.

Pirithous, Trag. op. en cinq actes & un Prologue, représentée le 26 Janvier. Les paroles sont de la Serre, la musique de Mouret. *Paris, Ribou, 1723. in-4°.*

Cet Ouvrage a été remis au Théâtre.
  Le 11 Mars 1734.

Vous le trouverez dans le treiz. vol. du Recueil des Opera.

Reprise de Philomele, le 27 Avril, *voyez la premiere Représentation de cet Opera à l'année 1705.*

Les Fêtes Grecques & Romaines, Ballet op. en trois Actes & un Prologue, représenté le 13 Juillet. Les paroles sont de Fuselier, la musique de Colin de Blamont. *Paris, Ribou, 1723. in-4°.*

Cet Ouvrage a été remis au Théâtre.
  Le 11 Juin 1733.
  En Février 1734. avec un Acte nouveau.
  Le 4 Juillet 1741.
  Le 5 Juin 1753.

Le premier Acte, Alcibiade, ou les Jeux Olympiques.
Le deuxiéme, Cleopâtre, ou les Bacchanales.
La troisiéme, Tibulle, ou les Saturnales.
L'Acte nouveau donné en Février 1734. la Fête de Diane.

ET OPERA. 167

*Vous le trouverez (les trois premiers Actes seulement) dans le
treiz. vol. du Recueil des Opera.*

Le 26 Mars 1748. le Prologue & l'Acte de
Cleopâtre, ont été repréfentés devant le Roi
à Verfailles fur le Théâtre des petits Appartemens.

ACTEURS du Prologue.

Apollon,	M. le Marquis de la Salle.
Clio,	Madame Truffon.
Erato,	Madame de Marchais.
Terpficore,	La Demoifelle Puvigné.

ACTEURS de Cleopâtre.

Antoine,	M. le Duc d'Ayen.
Eros,	M. le Vicomte de Rohan.
Cleopâtre,	Madame la Duchefe de Brancas.
Une Egyptienne.	Madame Truffon.

*Vous trouverez ce Prologue & cet Acte dant le troifiéme vol. du
Théâtre des petits Appartemens.*

Le 13 Février 1749. Tibulle, Acte dudit
Ballet, fut repréfenté fur le même Théâtre.

ACTEURS.

Delie,	Madame la Duchefe de Brancas.
Plautine,	Madame de Marchais.
Tibulle,	M. le Chevalier de Clermont.

*Vous trouverez cet Acte dans le troifième vol. du Théâtre des
petits Appartemens.*

Reprife de Thétis & Pelée, le 4 Novembre, *voyez la premiere Représentation de cet Opera à l'année* 1689.

Les Muses, rassemblées par l'Amour, Idille; paroles de Perrin, musique de Campra. *Paris, Jacques Etienne,* 1723. *in-8°.*

1724.

Reprise d'Amadis de Grece, le 2 Mars, *voyez la premiere Représentation de cet Opera, à l'année* 1699.

Reprise de l'Europe Galante, le 20 Juin, *voyez la premiere Représentation de cet Opera, à l'année* 1697.

Reprise des Ages, le 10 Octobre, *voyez la premiere Représentation de cet Opera, à l'année* 1718.

Reprise d'Armide, le 9 Décembre, *voyez la premiere Représentation de cet Opera à l'année* 1686.

1725.

La Reine des Peris, Comédie Persane, en cinq Actes & un Prologue, représentée le 10 Avril. Les paroles sont de Fuselier, la musique d'Aubert. *Paris, Ribou,* 1725. *in-4°.*

Vous le trouverez dans le treiz. vol. du Recueil des Opera.

Reprise des Elémens, le 29 Mai, *voyez la premiere Représentation de cet Opera à l'année* 1721.

Reprise des Fêtes de l'été, le 28 Août, *voyez la premiere Représentation de cet Opera à l'année* 1716.

Reprise d'Acis & Galatée, le 13 Septembre, *voyez la premiere Représentation de cet Opera à l'année* 1686.

Telegone, Trag. op. en cinq Actes & un Prologue, représentée le 6 Novembre. Les paroles sont de l'Abbé Pellegrin, la musique de la Coste. *Paris, Ribou,* 1725. *in-*4°.

Vous le trouverez dans le treiz. vol. du Recueil des Opera.

Reprise d'Atis, le 27 Décembre, *voyez la premiere Représentation de cet Opera, à l'année* 1676.

On continua cet Opera en 1726. *& le* 7 *Février, Mademoiselle Lambert Actrice de l'Opera, joua le rôle d'Atis.*

Le Triomphe des Melophiletes, Idille en musique, dédiée par une Epître en vers à S. A. S. Monseigneur le Prince de Conti. Les paroles sont du Sieur Bouret, la musique anonyme. *Paris, Prault,* 1725. *in* 8°.

1726.

Les Stratagêmes de l'Amour, Ballet op. en trois Actes & un Prologue, représenté le 28 Mars. Les paroles sont de Roy, la musique de Destouches. *Paris, Ribou,* 1702. *in-*4°.

Premier Acte. Le Fleuve Scamandre.
Deuxiéme. Les Abderites.
Troisiéme. La Féte de Philotis.

Vous le trouverez dans le quatorz. vol. du Recueil des Opera.

Reprise d'Ajax, le 16 Juin, *v. la premiere Repréfentation de cet Opera à l'année* 1716.

Reprise des Amours déguifés, le 13 Septembre, *voyez la premiere Repréfentation de cet Opera à l'année* 1713.

Pirame & Thisbé, Trag. op. en cinq Actes & un Prologue, repréfentée le 17 Octobre. Les paroles font de la Serre, la mufique des Sieurs Rebel & Francœur. *Paris, Ribou,* 1726, *in*-4°.

Cet Ouvrage a été remis au Théâtre.
Le 26 Janvier 1740.
Le 23 Janvier 1759.

Vous le trouverez dans le quatorz. vol. du Recueil des Opera.

1727.

Reprise des Elémens, le 11 Février, *voyez la premiere Repréfentation de cet Opera à l'année* 1721.

Reprise de Medée & Jafon, le premier Mai, *voyez la premiere Repréfentation de cet Opera à l'année* 1713.

Reprise du Jugement de Pâris, le 17 Juillet, *voyez la premiere Repréfentation de cet Opera à l'année* 1718.

ET OPERA. 171

Reprise de Proserpine, le 28 Juillet, *voyez la premiere Représentation de cet Opera à l'année* 1680.

Les Amours des Dieux, Ballet Héroïque en quatre Actes & un Prologue, représenté le 14 Septembre. Les paroles sont de Fuselier, la musique de Mouret. *Paris, Ribou,* 1727. *in-*4°.

Cet Ouvrage a été remis au Théâtre.

Le 18 Juin 1737.
Le 11 Mai 1746.
Le 16 Août 1757. & le 8 Novembre.
Le 6 Avril 1758.
Premier Acte, Neptune & Amimome.
Deuxiéme, Jupiter & Niobé.
Troisiéme, Apollon & Coronis.
Quatriéme, Bacchus & Ariane.

Vous le trouverez dans le quatorz. vol. du Recueil des Opera.

Reprise de Roland, le 11 Novembre, *voyez la premiere Représentation de cet Opera à l'année* 1685.

1728.

Orion, Trag. op. en cinq Actes & un Prologue, représentée le 17 Février. Les paroles sont des Sieurs la Font & Abbé Pellegrin, la musique de la Coste. *Paris, Ballard,* 1728. *in-*4°.

Vous le trouverez dans le quatorz. vol. du Recueil des Opera.

Reprise de Bellerophon, le 6 Avril, *voyez la premiere Représentation de cet Opera à l'année* 1679.

Le Retour de Zephire, Divertissement ; paroles anon. musique de Cappus, chanté le 7 Mars. *Dijon, A. de Fay,* 1728. *in-*4°.

Reprise des Amours de Protée, le 16 Mai, *voyez la premiere Représentation de cet Opera à l'année* 1720.

Reprise d'Hypermnestre, le 25 Mai, *voyez la premiere Représentation de cet Opera à l'année* 1716.

La Princesse d'Elide, Ballet op. héroïque en trois Actes & un Prologue, représenté le 20 Juillet. Les paroles sont de l'Abbé Pellegrin, la musique de Villeneuve. *Paris, Ballard,* 1728. *in-*4°.

Dans le courant des Représentations de cet Opera, on en fit une nouvelle édition avec des changemens.

Vous le trouverez dans le quatorz. vol. du Recueil des Opera.

Tarsis & Zelie, Trag. op. en cinq Actes & un Prologue, représentée le 19 Octobre. Les paroles sont de la Serre, la musique des Sieurs Rebel & Francœur. *Paris, Ballard,* 1728. *in-*4°.

Le 11 Novembre de la même année, on donna cet Opera avec un Acte nouveau.

Vous le trouverez dans le quatorz. vol. du Recueil des Opera.

Reprise d'Alceste, le 30 Novembre, *voyez la premiere Représentation de cet Opera à l'année* 1674.

1729.

Reprise de Carisselli, le 28 Février, *voyez la premiere Représentation de cet Opera à l'année* 1702.

Idem, le 28 Mars, de la même année.

Reprise de Tancrede, le 3 Mars, *voyez la premiere Représentation de cet Opera à l'année* 1702.

Pan & Doris, Pastorale Héroïque en un Acte, représentée le 6 Juillet, sur le Théâtre de la Comédie Françoise, dans la Piece intitulée, les trois Spectacles. Les paroles sont de Daiguebert, la musique de Mouret.

Vous la trouverez dans la Comédie int. *Les trois Spectacles, par Daiguebert.*

Les Amours des Déesses, Ballet op. en trois Actes & un Prologue, représenté le 9 Août. Les paroles sont de Fuselier, la musique de Quinault. *Paris, Ballard,* 1729. *in-*4°.

Premier Acte, Vénus & Adonis.
Deuxiéme, Diane & Endimion.
Troisiéme, Melpomene & Linus.

Le 25 du même mois, on y ajouta, l'Acte de l'Aurore & Cephale.

Vous le trouverez dans le quatorz. vol. du Recueil des Opera.

Reprife d'Hefione, le 13 Septembre, *voyez la premiere Repréfentation de cet Opera à l'année* 1700.

Cantate fur la Naiffance de Monfeigneur le Dauphin, exécutée à la Fête qui fut donnée au jeu de Meffieurs les Chevaliers de l'Arquebufe, par M. le Comte de Tavanes, à Dijon le 14 Septembre 1729. Les paroles font du P. C. M. Adam de la Compagnie de Jefus, la mufique du Sieur Jolivet. *Dijon, A. J. B. Augé,* 1729. *in*-4°.

Concert en forme de Fêtes, en cinq fuites ou entrées, donné au Roi fur la cour de marbre à Verfailles, le 21 Septembre, à l'occafion de la Naiffance de Monfeigneur le Dauphin. *Paris, Ballard,* 1729. *in*-4°.

Ce Concert fut arrangé par le Sieur de Blamont, & eft compofé pour les paroles & la mufique de différens morceaux tirés de nos meilleurs Opera.

Nota. On trouve cette note manufcrite au bas du frontifpice d'un exemplaire que j'ai,

Cet exemplaire eft pour dire que l'impreffion en a été fupprimée, ne convenant pas aux droits de M. le premier Gentilhomme de la Chambre, & de Meffieurs les Intendans des Menus.

Divertiffement au fujet de la Naiffance de Monfeigneur le Dauphin, chanté à Dijon, chez M. de la Briffe, Intendant de Bourgogne, le 2 Octobre ; paroles anon. musique de Bourgeois. *Dijon*, *A. J. B. Augé*, *in-4°*.

Le Parnasse, Ballet op. en cinq entrées, à l'occasion de la Naissance de Monseigneur le Dauphin, donné au Roi sur la cour de marbre à Versailles, le 5 Octobre, par l'ordre de M. le Duc de Mortemart, premier Gentilhomme de la Chambre. *Paris, Ballard,* 1729. *in-4°.*

Ce Ballet est composé pour les paroles & la musique de différens morceaux, tirés de nos meilleurs Opera, & fut arrangé par l'Abbé Pellegrin & Blamont.

Le même, sous la même date & le même titre, mais cependant avec beaucoup de différences.

Reprise de Thesée, le 29 Novembre, voyez la premiere Représentation de cet Opera, à l'année 1675.

Relation des Fêtes données à Rome, par Monseigneur le Cardinal de Polignac, à l'occasion de la Naissance de Monseigneur le Dauphin, au mois de Novembre, traduite de l'Italien. *Paris, J. B. de l'Espine,* 1730. *in-4°.*

Les nouveaux Fragmens, représentés le 19 Juillet. *Paris, Ballard,* 1729. *in-4°.*

Ils étoient composés de trois Actes.

La Fête Marine, tirée des Fêtes Vénitiennes.

BALLETS

La Paſtorale, du Ballet des Muſes.

La Serenade & les Joueurs des Fêtes Vénitiennes.

Quelque tems après on y a ajouté un des Prologues des Fêtes Vénitiennes.

Le Triomphe de l'Amour & de l'Hymen, Divertiſſement pour le mariage de Mademoiſelle de Courcillon, avec M. le Duc de Picquigni. Les paroles ſont du Chevalier de Saint-Jory, la muſique de Bouvard. *Paris, 1729. in-4°.*

Carlo-Magno, Feſta Teatrale in occaſione della naſcita del delfino, offerta alle ſacre reali Maeſta Chriſtianiſſime del Re è Regina di Francia, dal Cardinale Ottoboni protettore degl' affari della Corona in Roma, 1729. *in-fol. avec de très-belles figures.*

Don Mico & Lesbine, Intermèdes comiques mis en muſique, qui ſeront repréſentés ſur le Théâtre de l'Académie Royale de muſique en l'année 1729. *Paris, A. Knapen, 1729. in-4°.* On trouve l'italien a côté du françois.

Serpilla e Baiocco, o vero il Marito Giocatore e la Moglie Bacchetona Intermezzi Comici muſicali, dalla Sig... Roſa Ungarelli di Bologna, & dal Sig... Antonio Maria Riſtorini di Firenze, 1729. *in-4°.* Le français est a côté de l'italien.

1730.

1730.

Pastorale Héroïque de la Fête des Ambassadeurs Plénipotentiaires d'Espagne, à l'occasion de la Naissance de Monseigneur le Dauphin. *Paris, Ballard,* 1730. *in*-4°.

Le 31 Janvier on donna cette Pastorale sur le Théâtre de l'Opera, à la suite d'Hesione.

Reprise de Carisselli, le 20 Février, *voyez la premiere Représentation de ce Divertissement à l'année* 1702.

Reprise de Telemaque, le 23 Février, *voyez la premiere Représentation de cet Opera à l'année* 1714.

Idille Héroïque, chantée par les Ecoliers du Collége de Dijon, le 6 Mai, en présence de S. A. S. Monseigneur le Duc, en deux Scènes, avec un Prologue & un Epilogue; paroles anon. musique de Jolivet, *in*-4°.

Reprise d'Alcione, le 9 Mai, *voyez la premiere Représentation de cet Opera, à l'année* 1706.

Divertissement exécuté à Dijon, en présence de S. A. S. Monseigneur le Duc, en Mai. *Dijon, J. B. Augé,* 1730. *in*-4°.

Divertissement exécuté à Dijon chez M. de la Briffe, Intendant de Bourgogne, à l'arrivée de S. A. S. Monseigneur le Duc, en Mai. 1730. *in*-8°.

Reprife du Carnaval & la Folie, le 13 Juillet, *voyez la premiere Repréfentation de cet Opera, à l'année* 1703.

Le Caprice d'Erato, Divertiffement en un Acte, ajouté à l'Opera d'Alcione à la place du Prologue, le 8 Octobre. *Paris, Ballard,* 1730. *in*-4°.

Pirrhus, Trag. op. en cinq Actes & un Prologue, repréfentée le 26 Octobre. Les paroles font du Sieur Fermelhuis, la mufique de Royer. *Paris, Ballard,* 1730. *in*-4°.

Vous le trouverez dans le quatorz. vol. du Recueil des Opera.

Les Plaifirs de l'Hyver, Divertiffement en un Acte, chanté devant la Reine à Verfailles, le 13 Novembre; paroles anon. mufique de Cappus. *Dijon, J. Sirot,* 1730. *in*-8°.

Reprife de Phaëton, le 21 Décembre, *voyez la premiere Repréfentation de cet Opera à l'année* 1683.

Les Amours des grands Hommes, Ballet Héroïque en trois Actes & un Prologue, non mis en mufique; les paroles font de Morand.

Premier Acte, le Sage Amoureux, ou Solon.
Deuxieme, le Guerrier Amoureux, ou Cyrus.
Troifieme, le Sçavant Amoureux, ou Petrarque.

Les Peines & les Plaifirs de l'Amour, Ballet Héroïque, en trois Actes & un Prologue, non représenté; paroles de Morand, musique de Bourgeois.

Premier Acte, Ulysse & Penelope.
Deuxiéme, Foristan & Calenis.
Troisiéme, Léandre & Hero.

Les Travaux d'Hercule, Ballet Héroïque, à cinq entrées; un Prologue & quatre Intermèdes Pantomimes; paroles de Morand. Il n'y a que la premiere & cinquiéme entrée qui ayent été mises en vers; on trouve à la suite le Programme des trois autres & des quatre Intermèdes.

Le Triomphe de l'Amour, Idille en un Acte; paroles de Morand, musique de la Combe des Roziers, non représentée, mais chantée en plusieurs Concerts.

La Fausse Indifférence, *idem, idem, idem.*

Prologue en l'honneur de S. A. S. Madame la Duchesse Douairiere; paroles de Morand.

Diane & l'Amour, Idille en un Acte, non représentée; paroles de Morand, musique de Bouvard.

Fête Spirituelle en l'honneur de la Reine, en un Acte; chantée à Arles le 18 Septembre 1730. paroles de Morand, musique de Clavis.

Vous trouverez ces trois Ballets & ces cinq Ouvrages dans le troiſiéme vol. du Théâtre de Morand.

Divertiſſement pour le jour de la Fête de M. le Comte de Tavanes; paroles anonymes, muſique de Jolivet. *Dijon, A. J. B. Augé,* 1730. *in-*4°.

Hypermneſtre, Trag. op. en cinq Actes & un Prologue, non miſe en muſique; paroles anonymes, *manuſcrite.*

1731.

Le Jaloux trompé, Ballet op. en un Acte, donné le 18 Janvier, à la ſuite du Carnaval & la Folie. Les paroles ſont de Danchet, la muſique de Campra. *Paris, Ballard,* 1731. *in-*4°.

Nota. *Cet Acte avoit été donné en* 1701. *dans le Ballet op. des Fragmens de M. de Lully, ſous le titre de la Serenade Vénitienne.*

Repriſe de Cariſelli, le 5 Février, *voyez la premiere Repréſentation de ce Divertiſſement à l'année* 1702.

Repriſe d'Idomenée, le 3 Avril, *voyez la premiere Repréſentation de cet Opera à l'année* 1712.

Endimion, Paſtorale Héroïque en cinq Actes & un Prologue, repréſentée le 17 Mai. Les paroles ſont de Fontenelle, la muſique de Colin de Blamont. *Paris, Ballard,* 1731. *in-*4°.

Vous la trouverez dans le quinz. vol. du Recueil des Opera.

Reprise des Fêtes Vénitiennes, le 14 Juin, *voyez la premiere Représentation de cet Opera à l'année* 1710.

Reprise d'Amadis de Gaule, le 4 Octobre, *voyez la premiere Représentation de cet Opera à l'année* 1684.

Le Prince des Pasteurs couronné, Idille mêlée de chants & de récits, par Carrelier. *Dijon, A. de Fay,* 1731. *in-*4°.

Divertissement exécuté à Dijon chez M. D. F. * * *. Paroles anonymes, musique de Faubert. *Dijon, J. Sirot,* 1731. *in-*4°.

Parodie du Divertissement prétendu exécuté chez M. D. F. Paroles & musique anonymes. *Dijon, J. Sirot,* 1731. *in-*4°.

1732.

Reprise de Callirhoé, le 3 Janvier, *voyez la premiere Représentation de cet Opera à l'année* 1712.

Jephté, Trag. sainte en cinq Actes & un Prologue, représentée le 28 Février. Les paroles sont de l'Abbé Pellegrin, la musique de Montéclair. *Paris, Ballard,* 1732. *in-*4°. *On y fit quelques changemens pour le* 4 *Mars de la même année.*

BALLETS

Cet Ouvrage a été remis au Théâtre.

Le 26 Février 1733.
Le 28 Février 1734.
Le 10 Mars 1735.
Le premier Avril 1737.
Le 4 Mars 1738.
Le 24 Mars 1740.
Le 3 Mars 1744.

Vous le trouverez dans le quinz. vol. du Recueil des Opera.

Les Sens, Ballet op. en cinq Actes & un Prologue, représenté le 5 Juin; paroles de Roy, musique de Mouret. *Paris, Ballard, 1732. in-4°.*

Cet Ouvrage a été remis au Théâtre.

Le 17 Mai 1740.
Le 27 Août 1751.

Premier Acte, Leucothoé, ou l'Odorat.
Deuxième, Protesilas, ou le Toucher.
Troisième, l'Amour, ou la Vue.
Quatrieme, les Sirenes, ou l'Ouie.
Cinquiéme, Erigone, ou le Goût.

Vous le trouverez dans le quinz. vol. du Recueil des Opera.

Le 28 Mars 1748. la Vue, Acte dudit Ballet, a été représentée à Versailles devant le Roi, sur le Théâtre des petits Appartemens.

ACTEURS.

L'Amour,	Madame la Marquise de Pompadour.
Zephire,	Madame de Marchais.

Iris, Madame Truffon.
Aquilon, M. le Marquis de la Salle.

Vous le trouverez dans le premier vol. du Théâtre des petits Appartemens.

Le 2 Décembre 1751. le même Acte a été donné sur le Théâtre de l'Opera, précédé d'Eglé & de Pigmalion.

Le 23 Janvier 1755. le même Acte a été donné à Versailles sur le Théâtre du Château.

Vous le trouverez dans le vol. intit. Spectacles de Versailles, tome I.

Reprise de Scilla, le 11 Septembre, *voyez la premiere Représentation de cet Opera à l'année* 1701.

Biblis, Trag. op. en cinq Actes & un Prologue, représentée le 6 Novembre. Les paroles sont de Fleuri, la musique de la Coste. *Paris, Ballard,* 1732. *in-*4°.

Vous le trouverez dans le quinz. vol. du Recueil des Opera.

Reprise d'Isis, le 14 Décembre, *voyez la premiere Représentation de cet Opera à l'année* 1677.

J'ai un exemplaire du Carnaval de Venise, donné en 1732. à Dijon, *voyez la premiere Représentation de cet Opera à l'année* 1699.

1733.

Reprise d'Omphale, le 22 Janvier, *voyez*

la premiere Repréſentation de cet Opera à l'année 1701.

Repriſe de Jephté, le 26 Février, *voyez la premiere Repréſentation de cet Opera à l'année* 1732.

L'Empire de l'Amour, Ballet Héroïque en trois Actes & un Prologue, repréſenté le 14 Avril. Les paroles ſont de Montcrif, la muſique du Chevalier de Braſſac. *Paris, Ballard,* 1733. *in-*4°.

 Premier Acte, les Mortels, ou Ariane & Theſée.
 Deuxiéme, les Dieux, ou l'Amour & Pſiché.
 Troiſiéme, les Génies, ou Zelindor & Iſmene.

Le 23 Novembre 1741. cet Opera fut remis au Théâtre, avec un Acte nouveau, *int.* Linus, & des changemens à l'Acte des Mortels

En 1750. l'Acte de Linus, fut donné dans des Fragmens.

 Vous trouverez cet Opera tel qu'il a été donné la premiere fois dans le quinz. vol. du Recueil des Opera.

Repriſe des Fêtes Grecques & Romaines, le 11 Juin, *voyez la premiere Repréſentation de cet Opera à l'année* 1723.

Hipolyte & Aricie, Trag. op. en cinq Actes & un Prologue, repréſentée le premier Octobre. Les paroles ſont de l'Abbé Pellegrin, la muſique de Rameau. *Paris, Ballard,* 1733. *in-*4°. APRÈS QUELQUES REPRÉSENTATIONS ON Y FIT QUELQUES CHANGEMENS,

MENS, ET ON EN DONNA UNE NOUVELLE ÉDITION.

Cet Ouvrage a été remis au Théâtre.

Le 11 Septembre 1742.
Le 25 Février 1757.

Vous le trouverez dans le quinz. vol. du Recueil des Opera.

Reprife d'Iffé, le 19 Novembre, *voyez la premiere Repréfentation de cet Opera à l'année* 1697.

Récits mêlés de mufique, déclamés par les Ecoliers du College de Dijon, le premier Mai, en préfence de S. A. S. Monfeigneur le Duc, Gouverneur de Bourgogne, tenant les Etats, *in-*4°.

1734.

Reprife des Fêtes Grecques & Romaines, en Février, *voyez la premiere Repréfentation de cet Opera à l'année* 1723.

Reprife de Jephté, le 28 Février, *voyez la premiere Repréfentation de cet Opera à l'année* 1732.

Reprife de Pirithoüs, le 11 Mars, *voyez la premiere Repréfentation de cet Opera à l'année* 1723.

Ifac, Trag. op. en trois Actes, avec un Prologue; paroles anonymes, mufique de la Chapelle. Cet ouvrage fervoit d'Intermède à

Tigrane, Trag. latine, représentée par les Ecoliers du Collége de Louis le Grand, le 27 Mars, *v. le vol.* int. *Tigrane.*

Reprife des Elémens, le 27 Mai, *voyez la premiere Repréfentation de cet Opera à l'année* 1721.

Les Fêtes nouvelles, Ballet op. en trois Actes & un Prologue, repréfenté le 22 Juillet. Les paroles font de Maffip, la mufique de Dupleffis. *Paris, Ballard,* 1734. *in-*4°.

<ul style="list-style:none">
<li>*Premier Acte,* Ulyffe & Circé.</li>
<li>*Deuxiéme,* Le Bal Champêtre.</li>
<li>*Troifiéme,* le Triomphe de l'Amour fur Bacchus.</li>
</ul>

Vous le trouverez dans le quinz. vol. du Recueil des Opera.

Reprife d'Acis & Galatée, le 19 Août 1734. *voyez la premiere Repréfentation de cet Opera à l'année* 1705.

Reprife de Philomele, le 19 Octobre, *voyez la premiere Repréfentation de cet Opera à l'année* 1705.

Reprife d'Iphigenie en Tauride, le 16 Décembre, *voyez la premiere Repréfentation de cet Opera à l'année* 1704.

Idille Spirituelle, fur la Naiffance de N. S. J. C. en trois entrées; paroles de Morand, mufique de Bouvard, chantée en 1734. à la Communauté de l'Enfant-Jefus, *v. le troifiéme vol. du Théâtre de Morand*

La même. *Paris, Thiboust,* 1734. *in-*4°.

1735.

Achille & Deidamie, Trag. op. en cinq Actes & un Prologue, représentée le 24 Février. Les paroles sont de Danchet, la musique de Campra. *Paris, Ballard,* 1735. *in-*4°.

Vous le trouverez dans le quinz. vol. du Recueil des Opera.

Reprise de Jephté, le 10 Mars, *voyez la premiere Représentation de cet Opera à l'année* 1732.

Les Graces, Ballet Héroïque en trois Actes, représenté le 5 Mai. Les paroles sont de Roy, la musique de Mouret. *Paris, Ballard,* 1735. *in-*4°.

Premier Acte, l'Ingénue.
Deuxième, la Mélancolique.
Troisième, l'Enjouée.

Le 7 Juillet 1744. cet Ouvrage a été remis au Théâtre avec quelques changemens.

Reprise des Fêtes de Thalie, le 2 Juin, *voyez la premiere Représentation de cet Opera à l'année* 1714.

Les Indes Galantes, Ballet op. en trois Actes & un Prologue, représenté le 23 Août. Les paroles sont de Fuselier, la musique de Rameau. *Paris, Ballard,* 1735. *in-*4°.

A a ij

Premier Acte, les Incas du Pérou.
Deuxième, le Turc génereux.
Troisième, les Fleurs, Fête Persane.

Cet Ouvrage a été remis au Théâtre.

Le 11 Mars 1736. On y ajouta l'Acte des Sauvages.
Le 28 Mars 1743.
Le 2 Janvier 1744.
Le 3 Août 1751. On supprima l'Acte du Turc génereux.

Vous le trouverez dans le seiz. vol. du Recueil des Opera.

Le 12 Octobre 1754. les Incas du Pérou, Acte dudit Ballet, ont été représentés à Fontainebleau devant le Roi.

Vous trouverez cet Acte dans le volume int. Spectacles de Fontainebleau, *année* 1754.

Scanderberg, Trag. op. en cinq Actes & un Prologue, représenté le 27 Octobre. Les paroles du Prologue & des quatre premiers Actes sont de la Mothe, celles du cinquième Acte sont de la Serre, la musique des Sieurs Rebel & Francœur. *Paris, Ballard,* 1735. *in*-4°.

Vous le trouverez dans le seiz. vol. du Recueil des Opera.

Le Triomphe de la France, Ballet op. en un Acte ; paroles anonymes, musique de Garnier. *Dijon, J. B. Augé,* 1735. *in*-12.

L'Idille de Rambouillet, en un Acte, chantée à Rambouillet en 1735. paroles de Morand, musique de Myon.

Bouquets de Mademoiselle de G*** en un Acte, chantée en 1735. chez Madame de G***, à la Bibliothéque du Roi. Les paroles sont de Morand, la musique de Myon.

Vous trouverez ces deux Ouvrages dans le deux. vol. du Théâtre de Morand.

1736.

Reprise de Thetis & Pelée, le 19 Janvier, *voyez la premiere Repréfentation de cet Opera à l'année* 1689.

Reprise des Indes Galantes, le 11 Mars, *voyez la premiere Repréfentation de cet Opera à l'année* 1735.

Les Voyages de l'Amour, Ballet op. en quatre Actes & un Prologue, représenté le 3 Mai. Les paroles sont de la Bruere, la musique de Boismortier. *Paris, Ballard,* 1736. *in-*4°.

 Premier Acte, l'Amour au Village.
 Deuxiéme, l'Amour à la Ville.
 Troisiéme, l'Amour à la Cour.
 Quatriéme, Retour de l'Amour au Village.

Le 4 Juin de la même année on donna un nouvel Acte de l'Amour à la Ville; on en a aussi donné un nouveau de l'Amour à la Cour.

Vous le trouverez dans le seiz. vol. du Recueil des Opera.

Reprise de l'Europe Galante, le 14 Juin, *voyez la premiere Repréfentation de cet Opera à l'année* 1697.

Les Romans, Ballet op. en trois Actes &

un Prologue, repréfenté le 23 Aout; le 23 Septembre de la même année, on y ajouta le quatriéme Acte. Les paroles font du Sieur de Bonneval, la mufique de Niel. *Paris, Ballard*, 1736. *in-*4°.

 Premier Acte, la Bergerie.
 Deuxiéme, la Chevalerie.
 Troifiéme, la Féerie.
 Quatriéme, le Roman merveilleux.

Vous le trouverez dans le feiz. vol. du Recueil des Opera.

Les Génies, Ballet op. en quatre Actes & un Prologue, repréfenté le 18 Octobre. Les paroles font du Sieur Fleuri, la mufique de Mademoifelle Duval. *Paris, Ballard,* 1736. *in-*4°.

 Premier Acte, les Nymphes, ou l'Amour indifcret.
 Deuxiéme, les Gnomes, ou l'Amour ambitieux.
 Troifiéme, les Salamandres, ou l'Amour violent.
 Quatriéme, les Silphes, ou l'Amour léger.

Vous le trouverez dans le feiz. vol. du Recueil des Opera.

Reprife de Medée & Jafon, le 22 Novembre, *voyez la premiere Repréfentation de cet Opera à l'année* 1713.

1737.

Reprife de Perfée, le 24 Février, *voyez la premiere Repréfentation de cet Opera à l'année* 1682.

Reprife de Jephté, le premier Avril,

voyez la première Représentation de cet Opera à l'année 1732.

Le Triomphe de l'Harmonie, Ballet op. en trois Actes & un Prologue, représenté le 9 Mai ; paroles de M. le Franc, musique de Grenet. *Paris, Ballard,* 1737. *in-*4°.

Premier Acte, Orphée.
Deuxième, Hilas.
Troisième, Amphion.

Cet Ouvrage a été remis au Théâtre.
Le 23 Janvier 1738.
Le 14 Juillet 1746.

Vous le trouverez dans le seiz. vol. du Recueil des Opera.

Reprise des Amours des Dieux, le 18 Juin, *voyez la premiere Représentation de cet Opera à l'année* 1727.

Reprise de Cadmus & Hermione, le 22 Août, *voyez la premiere Représentation de cet Opera à l'année* 1675.

Fêtes données à Forges à S. A. S. Madame la Duchesse au mois d'Août. *Forges,* 1737. *in-*12.

La premiere, est une Fête de Village.
La deuxième, une Piece en chants, *int.* la Fée Vaporine.

Castor & Pollux, Trag. op. en cinq Actes & un Prologue, représentée le 24 Octobre; paroles de Bernard, musique de Rameau, *Paris, Ballard,* 1737. *in-*4°.

Cet Ouvrage a été remis au Théâtre.

Le 11 Janvier 1754. avec des changemens confidérables.
Le 11 Avril 1755.

Vous le trouverez tel qu'il a été donné la premiere fois dans le feiziéme vol. du Recueil des Opera.

Les Amours du Printems, Ballet op. en un Acte, représenté devant Leurs Majeftés à Fontainebleau, le 7 Novembre; paroles anonymes, mufique de Blamont. *Paris, Ballard,* 1737. *in-*4°.

Cet Ouvrage a été remis au Théâtre.

Le premier Janvier 1739.

Rodope ou l'Opera perdu, Com. Ballet en trois Actes, en vers & un Prologue, ano. *La Haye, Ant. Vandole,* 1737. *in-*12.

C'eft le mêm. Ouvrage dont on a parlé à la page 158.

La Paix, Idille en un Acte, chantée à Verfailles devant la Reine; paroles de Morand, mufique de Mathieu.

Vous trouverez cette Idille dans le deuxiéme vol. du Théâtre de Morand.

1738.

Reprife d'Atis, le 7 Janvier, *voyez la premiere Représentation de cet Opera à l'année* 1676.

Reprife du Triomphe de l'Harmonie, le

25 Janvier, *voyez la premiere Repréſentation de cet Opera à l'année* 1737.

Divertiſſement tiré des Fêtes de l'Amour & de Bacchus, repréſenté en Février, *in*-4°. *voyez la premiere Repréſentation deſdites Fêtes à l'année* 1672.

Repriſe de Jephté, le 4 Mars, *voyez la premiere Repréſentation de cet Opera à l'année* 1732.

L'Ecole de Mars, Divertiſſement en un Acte; paroles de Morand, muſique de Bouvard, exécuté à l'Hôtel de Mars, rue de Tournon, le 12 Mars. *Paris, Giſſey,* 1738. *in*-8°.

Le même ſe trouve dans le deux. vol. du Théâtre de Morand.

Les Caractères de l'Amour, Ballet op. en trois Actes & un Prologue, repréſenté le 15 Avril; paroles de l'Abbé Pellegrin, muſique de Blamont. *Paris, Ballard,* 1738. *in*-4°.

Prologue, Venus & l'Amour qui chantent les charmes de la Nuit.
Premier Acte, l'Amour fidéle.
Deuxiéme, l'Amour jaloux.
Troiſiéme, l'Amour volage.

Cet Ouvrage a été remis au Théâtre.
Le 15 Avril 1749.

Le Ballet de la Paix, Ballet op. en trois Actes & un Prologue, repréſenté le 29 Mai;

paroles de Roy, musique des Sieurs Rebel & Francœur. *Paris, Ballard,* 1738. *in-*4°.

<blockquote>
Premier Acte, Philis & Demophon.
Deuxiéme, Iphis & Iante.
Troisiéme, Philemon & Baucis.
</blockquote>

Le 27 Juin, on substitua l'Acte de Nirée, à celui de Philis & Demophon.

Le 23 Décembre 1748. l'Acte de Philemon & Baucis, fut représenté à Versailles devant le Roi sur le Théâtre des petits Appartemens.

ACTEURS.

Philemon,	M. le Vicomte de Rohan.
Baucis,	Madame la Marquise de Pompadour.
Jupiter,	M. le Duc d'Ayen.
Mercure,	M. le Chevalier de Clermont.

Reprise du Carnaval & la Folie, le 13 Juillet, *voyez la premiere Représentation de cet Opera à l'année* 1703.

Reprise de Carisclli, le 10 Octobre, *voyez la premiere Représentation de ce Divertissement à l'année* 1701.

Reprise de Tancrede, le 23 Octobre, *voyez la premiere Représentation de cet Opera à l'année* 1702.

1739.

Reprise d'Alceste, le 22 Janvier, *voyez la premiere Représentation de cet Opera à l'année* 1674.

Reprife de Carifelli, le 5 Février, *voyez la premiere Repréfentation de ce Divertiffement à l'année* 1702.

Paroles du Concert de Rheims, du 26 Février. *Rheims, François Jeunehome,* 1739. *in*-8°.

Ces paroles font compofées

Du troifiéme Acte de l'Opera de Jephté.
Des Plaifirs innocens, Cantate.
De Samfon, Cantate.

Defcription du Spectacle de Pandore, repréfenté au Palais des Thuilleries, dans la Salle des Machines, le 15 Mars, de l'invention de Servandoni. *Paris, veuve Piffot,* 1739. *in*-8°.

Reprife de Polidore, le 21 Avril, *voyez la premiere Repréfentation de cet Opera à l'année* 1720.

Idille, dont une partie fera déclamée, & l'autre chantée par les Ecoliers du Collége de Dijon, le premier Mai, en préfence de S. A. S. Monfeigneur le Duc; paroles de Diffon, mufique anonyme. *Dijon, Augé,* 1739. *in*-4°.

Les Fêtes d'Hebé, ou les Talens lyriques, Ballet op. en trois Actes & un Prologue, repréfenté le 21 Mai; paroles du Sr de Mondorge, mufique de Rameau, 1739. *in*-4°.

B b ij

Ballets

Premier Acte, la Poësie, ou Sapho.
Deuxiéme, la Musique, ou Tirtée
Troisiéme, la Danse, ou Eglé.

Cet Ouvrage a été remis au Théâtre.
Le 25 Juillet 1747.
Le 18 Mai 1756.
Le 21 Mai 1757.

Le 6 Novembre 1753. la Danse, Acte de ce Ballet, fut représenté devant le Roi à Fontainebleau.

Vous trouverez cet Acte dans le volume int. *Spectacles de Fontainebleau* 1753.

Zaïde, Reine de Grenade, Ballet op. en trois Actes & un Prologue, représenté le 3 Septembre; paroles de l'Abbé de la Marre, musique de Royer. *Paris, Ballard,* 1739. *in-*4°.

Cet Ouvrage a été remis au Théâtre, augmenté de Momus Amoureux.
Le 27 Octobre 1739.
Le 10 Mars 1745. à Versailles devant le Roi sans le Prologue, & à Paris le 13 Mai avec le Prologue.
Le 17 Août 1756.

Dardanus, Trag. op. en cinq Actes & un Prologue, représenté le 19 Novembre; paroles de la Bruere, musique de Rameau. *Paris, Ballard,* 1739. *in-*4°.

Cet Ouvrage a été remis au Théâtre, avec beaucoup de changemens
Le 22 Avril 1744.

1740.

Reprife de Pirame & Thisbé, le 26 Janvier, *voyez la premiere Repréfentation de cet Opera à l'année* 1726.

Reprife de Carifelli, le 28 Février, *voyez la premiere Repréfentation de ce Divertiffement à l'année* 1702.

Reprife de Jephté, le 24 Mars, *voyez la premiere Repréfentation de cet Opera à l'année* 1732.

Reprife du Ballet des Sens, le 17 Mai, *voyez la premiere Repréfentation de cet Opera à l'année* 1732.

Reprife des Fêtes Vénitiennes, le 19 Juillet, *voyez la premiere Repréfentation de cet Opera à l'année* 1710.

La Reconnoiffance du Parnaffe pour les prix fondés par M. de Berbifey, Premier Préfident au Parlement de Bourgogne, Ballet mêlé de récits & de danfe, qui fera exécuté à la diftribution folemnelle de ces prix, le 12 Août 1740. *Dijon, A. J. B. Augé,* 1740. *in-*4°.

Reprife d'Amadis de Gaule, le 8 Novembre, *voyez la premiere Repréfentation de cet Opera à l'année* 1684.

1741.

Reprife de Proferpine, le 31 Janvier, *voyez*

la premiere Repréſentation de cet Opera à l'année 1680.

Nitetis, Trag. op. en cinq Actes & un Prologue, repréſentée le 11 Avril. Les paroles ſont de la Serre, la muſique de Myon. *Paris, Ballard,* 1741. *in-*4°.

Repriſe des Fêtes Grecques & Romaines, le 4 Juillet, *voyez la premiere Repréſentation de cet Opera à l'année* 1723.

Repriſe d'Alcione, le 21 Septembre, *voyez la premiere Repréſentation de cet Opera à l'année* 1706.

Le Temple de Gnide, Paſtorale en un Acte, repréſentée le 31 Octobre à la ſuite d'Alcione, dont on ſupprima le Prologue; paroles de Bellis, muſique anonyme, 1741. *in-*4°.

Repriſe d'Iſſé, le 14 Novembre, *voyez la premiere Repréſentation de cet Opera à l'année* 1697.

Repriſe de l'Empire de l'Amour, le 23 Novembre, *voyez la premiere Repréſentation de cet Opera à l'année* 1733.

L'Art de F * * * ou Paris F * * ſur la muſique du Prologue de l'Europe galante. Ballet repréſenté aux Porcherons dans le B * * * de Mademoiſelle de la Croix, le premier Janvier 1741. *in-*4°. CET OUVRAGE EST FORT OBS-

CENE ET DIGNE DU LIEU OU L'ON DIT QU'IL
A ÉTÉ REPRÉSENTÉ.

1742.

Ragonde, ou la Veillée de Village, Ballet Burlesque en trois Actes sans Prologue, représenté le 31 Janvier dans des Fragmens. Les paroles sont de Nericault Destouches, la musique de Mouret. *Paris, Ballard,* 1742. *in*-4°.

Cet ouvrage a été remis au Théâtre.

  Le 12 Février 1743.
  Le 9 Février 1744.
  Le 29 Février 1752.

Le 18 Février 1749. ce Ballet fut représenté à Versailles devant le Roi, sur le Théâtre des petits Appartemens.

ACTEURS.

Ragonde,	M. le Marquis de Sourches.
Collette,	Madame de Marchais.
Lucas,	M. le Marquis de la Salle.
Colin,	Madame la Marquise de Pompadour.
Thibault,	M. le Vicomte de Rohan.
Mathurine,	Madame Trusson.
Blaise,	Un Musicien du Roi.

Vous le trouverez dans le troisième vol. du Théâtre des petits Appartemens.

Nota. *Cet Ouvrage fut composé pour les grandes Nuits de Sceaux, & il fut représenté en 1706 On y a fait quelques changemens pour le mettre sur le Théâtre de l'Opera.*

Reprife de Proferpine, le 14 Février, *voyez la premiere Repréfentation de cet Opera à l'année* 1680.

Nota. *Ce fut à cette reprife que Mademoifelle le Maure joua le Rôle de Cérès avec le plus grand fuccès.*

Fragmens repréfentés pendant les jours gras, compofés du Temple de Gnide, de la Fête de Diane, & de Ragonde. *Paris, Ballard,* 1742. *in-*4°.

Isbé, Trag. op. en trois Actes & un Prologue, repréfentée le 10 Avril ; paroles anonymes, mufique de Mondonville. *Paris, Ballard,* 1742. *in-*4°.

Reprife des Elémens, le 12 Mai, *voyez la premiere Repréfentation de cet Opera à l'année* 1721.

Idille Héroïque, dont une partie fera déclamée, & l'autre chantée par les Ecoliers de Dijon, le 13 Juin, devant M. le Duc de Saint-Aignan. *Dijon, A. J. B. Augé,* 1742. *in-*4°.

Reprife d'Ajax, le 2 Août, *voyez la premiere Repréfentation de cet Opera à l'année* 1716.

Reprife d'Hypolite & Aricie, le 11 Septembre, *voyez la premiere Repréfentation de cet Opera à l'année* 1733.

Reprife de Phaëton, le 13 Novembre, *voyez*

voyez la premiere Repréſentation de cet Opera à l'année 1683.

Prologue ſur la Naiſſance de Monſeigneur le Duc de Bourgogne, dédié à Meſſieurs les Officiers du Régiment du Roi. *Nancy, le Sueur,* 1742. *in-*4°. PAR L'ÉPÎTRE DÉDICATOIRE QUI N'EST PAS SIGNÉE, ON JUGE QUE L'AUTEUR AVOIT SERVI DANS CE RÉGIMENT.

1743.

Repriſe de Ragonde, le 12 Février, *voyez la premiere Repréſentation de ce Ballet op. à l'année précédente.*

Repriſe d'Heſione, le premier Mars, *voyez la premiere Repréſentation de cet Opera à l'année* 1700.

Repriſe des Indes Galantes, le 28 Mars, *voyez la premiere Repréſentation de cet Opera à l'année* 1735.

Ballets Comiques, repréſentés par l'Académie Royale de muſique, pendant les jours gras de l'année 1743. *Paris, Ballard,* 1743. *in-*4°.

Ce Spectacle eſt compoſé

De Dom Quichotte, chez la Ducheſſe, Ballet Comique en trois Actes; paroles de Favard, muſique de Boiſmortier.

Et de Ragonde, Ballet dont on a parlé ſous l'année 1742.

Le Pouvoir de l'Amour, Ballet op. en trois Actes & un Prologue, représenté le 23 Avril; paroles de Saint-Marc, musique de Royer. *Paris, Ballard,* 1743. *in-*4°.

Les Caractéres de la Folie, Ballet op. en trois Actes, sans Prologue, représenté le 20 Août; paroles de Duclos, musique de Bury. *Paris, Ballard,* 1743. *in-*4°.

Cet Ouvrage a été remis au Théâtre.
Le 16 Janvier 1744.

Reprise de Callirhoé, le 6 Octobre, *voyez la premiere Représentation de cet Opera à l'année* 1712.

Reprise de Roland, le 19 Décembre, *voyez la premiere Représentation de cet Opera à l'année* 1685.

1744.

Reprise des Indes Galantes, le 2 Janvier, *voyez la premiere Représentation de cet Opera à l'année* 1735.

Reprise des Caractéres de la Folie, le 16 Janvier, *voyez la premiere Représentation de cet Opera à l'année* 1743.

Reprise de Jephté, le 3 Mars, *voyez la premiere Représentation de cet Opera à l'année* 1732.

Reprise de Dardanus, le 22 Avril, *voyez*

la premiere Repréſentation de cet Opera à l'année 1739.

L'Ecole des Amans, Ballet op. en trois Actes & un Prologue, repréſenté le 11 Juin; paroles de Fuſelier, muſique de Niel. *Paris, Ballard,* 1745. *in*-4°.

> *Premier Acte,* l'Abſence ſurmontée.
> *Deuxiéme,* la Grandeur ſacrifiée.
> *Troiſiéme,* la Conſtance couronnée.

Cet Ouvrage a été remis au Théâtre.

> Le 27 Avril 1745. avec une nouvelle entrée, *int.* Les Sujets indociles.

Repriſe des Graces, le 7 Juillet, *voyez la premiere Repréſentation de cet Opera à l'année* 1735.

Repriſe d'Acis & Galatée, le 18 Août, *voyez la premiere Repréſentation de cet Opera à l'année* 1686.

Repriſe de la mort d'Hercule, le 15 Octobre, *voyez la premiere Repréſentation de cet Opera à l'année* 1705.

Le Retour du Roi à Paris, Dialogue chanté devant Sa Majeſté à l'Hôtel-de-Ville, le 15 Novembre; paroles de Roy, muſique des Sieurs Rebel & Francœur. *Paris, Guillaume le Mercier,* 1744. *in*-4°.

Les Auguſtales, Divertiſſement repréſenté

dans le mois de Novembre ; paroles de Roy, musique des Srs Rebel & Francœur. *Paris, Ballard*, 1744. *in*-4°.

Reprise de Thesée, le 10 Décembre, *voyez la premiere Représentation de cet Opera à l'année* 1675.

La Maladie du Roi, Pastorale en un Acte ; paroles de Besson, musique de Morel. *Soissons, Charles Courtois*, 1744. *in*-4°.

Jesus Naissant, adoré par les Bergers, Pastorale en un Acte, dédiée à la Reine, & représentée par les Demoiselles de l'Enfant-Jesus ; paroles de l'Abbé Bonvallet Desbrosses, musique de l'Abbé Marlet. *Paris, Thiboust*, 1744. *in*-4°.

Aconce & Cidippe, Trag. op. en cinq Actes ; anon. & *Mss.*

J'ignore si cet Ouvrage a été mis en musique.

1745.

La Princesse de Navarre, ce sont les Intermèdes de cette Comédie qui étoit en trois Actes, & qui fut représentée devant le Roi à Versailles le 23 Février, sur le Théâtre de la Grande Ecurie, à l'occasion du mariage de Monseigneur le Dauphin avec l'Infante d'Espagne ; paroles de Voltaire, musique de Rameau. *Paris, Ballard*, 1745. *in*-8°.

Zelindor, Roi des Silphes, Ballet op. en un Acte, repréfenté devant le Roi à Verfailles le 17 Mars, fur le Théâtre de la grande Ecurie ; paroles de Montcrif, mufique des Srs Rebel & Francœur. *Il fut redonné fur le même Théâtre le 11 Décembre de la même année.*

Cet Ouvrage fut donné à Paris.

Le 10 Août de la même année, précédé du Trophée, & fuivi de la Provençale.

A été remis au Théâtre.

Le 7 Décembre 1746. précédé du Prologue des Amours des Dieux, de la Provençale & d'Amphion, Acte du Triomphe de l'Harmonie.

Le 26 du même mois, précédé du Prologue des Fêtes de Thalie, de la Provençale & de la Femme, Acte des Fêtes de Thalie.

Le 12 Janvier 1747. avec le même Prologue, Apollon & Coronis & la Femme.

Le 8 Mars 1749. précédé du Prologue & d'un Acte des Fêtes de l'Hymen.

Le 5 Mars 1750. précédé du Prologue du Carnaval du Parnaffe, & du cinquiéme Acte des Caractéres de l'Amour.

Le 11 Mars 1752. précédé de la Guirlande & d'Æglé.

Le 18 Décembre 1752. devant le Roi à Verfailles, fur le Théâtre du Château.

Platée, Ballet op. Bouffon en trois Actes & un Prologue, repréfenté le 31 Mars devant le Roi à Verfailles, fur le Théâtre de la grande Ecurie ; paroles d'Autreau, mufique de Rameau. *Paris, Ballard,* 1745. *in-*4°.

BALLETS

Cet Ouvrage a été donné à Paris.

Le 4 Février 1749.

Remis au Théâtre.

Le 23 Janvier 1750.
Le 27 Février 1754.

Reprife d'Amadis de Grece, le 7 Mars, *voyez la premiere Repréfentation de cet Opera à l'année* 1699.

Reprife de l'Ecole des Amans, le 27 Avril, *voyez la premiere Repréfentation de cet Opera à l'année* 1744.

Reprife de Zaïde, le 13 Mai, *voyez la premiere Repréfentation de cet Opera à l'année* 1739.

Reprife des Fêtes de Thalie, le 29 Juin, *voyez la premiere Repréfentation de cet Opera à l'année* 1714.

Le Trophée, Prologue à l'occafion de la Victoire de Fontenoy, repréfenté le 10 Août avant Zelindor, Roi des Silphes; paroles de Montcrif, mufique des Sieurs Rebel & Francœur, 1745. *in-*4°.

Les Fêtes de Polimnie, Ballet op. en trois Actes & un Prologue, repréfenté le 12 Octobre. Paris, 1745. *in-*4°.

Cet Ouvrage a été remis au Théâtre.

Le 21 Août 1753.

Le Temple de Mémoire.... *Prologue.*

Premier Acte, la Fable.
Deuxiéme, l'Hiftoire.
Troifiéme, la Féerie.

Le Temple de la Gloire, Ballet op. en cinq Actes, repréfenté le 27 Novembre à Verfailles devant le Roi, fur le Théâtre de la grande Ecurie; paroles de Voltaire, mufique de Rameau. *Paris, Ballard,* 1745. *in-*4°.

Quoique cet Opera foit réellement en cinq *Actes*, il n'y en a proprement que trois, & l'on n'y traite que trois Sujets hiftoriques.

Le premier *Acte* eft une efpece de *Prologue*, c'eft l'Envie qu'*Apollon* fait enchaîner au pied du Thrône de la Gloire.

Le deuxiéme *Acte* & premier *fujet* eft *Belus*, qui cherche vainement à entrer dans le Temple de la Gloire, & qui par fon orgueil & fa cruauté en eft jugé indigne.

Le troifiéme *Acte* & deuxiéme *fujet* eft *Bacchus*, qui trop abandonné aux plaifirs & à la molleffe, eft auffi jugé indigne d'y entrer.

Le quatr. *Acte* & troifiéme *fujet* eft *Trajan*, qui par fes vertus & fa modeftie y eft reçu avec acclamation.

Le cinquiéme eft une fuite du précédent, c'eft le même *Trajan*, qui loin de s'ennorgueillir des honneurs qu'il vient d'obtenir, voulant les rendre utils à fes Sujets, demande & obtient des Dieux, que le Temple de la Gloire foit changé en celui du bonheur.

Cet Opera fut donné à Paris le 7 Décembre de la même année, il a été remis au Théâtre le 19 Avril 1746.

Jupiter Vainqueur des Tytans, Trag. op. en cinq Actes & un Prologue, représentée devant le Roi à Versailles, sur le Théâtre de la grande Ecurie, le 11 Décembre; paroles du Sr de Bonneval, Intendant des Menus, musique du Sieur de Blamont & du Sieur de Buri son neveu. *Paris, Ballard,* 1745. *in*-4°.

Ballets exécutés devant le Roi à Versailles, le 22 Décembre, sur le Théâtre de la grande Ecurie. *Paris, Ballard,* 1745. *in*-4°.

Ce Spectacle étoit composé ainsi,

Les Fêtes de Ramire, Ballet op. en un Acte. CE SONT LES DIVERTISSEMENS DE LA PRINCESSE DE NAVARRE DONT ON A PARLÉ CI-DESSUS, A LA DATE DU 23 FÉVRIER DE LA MÊME ANNÉE, VOLTAIRE Y AJOUTA QUELQUES SCÈNES POUR LIER CES DIVERTISSEMENS, ET RAMEAU EN FIT LA MUSIQUE.

Zelindor, Roi des Silphes, le même dont on a parlé ci-dessus, à la date du 17 Mars de la même année : *A cette représentation Mademoiselle le Maure chanta le rôle de Zirphée.*

Le Départ du Roi, Idille exécutée à Saint Cyr en 1745. paroles de Roy, musique de
Cleram-

Clerambault, Organiste de S. Cyr. *Paris, le Mercier,* 1745. *in-*8°,

Divertissement pour la fin de la Campagne de 1745. les quatre Saisons avec leur suite & attributs. *Anvers,* 1745. *in-*8°.

Le Retour du Roi, Divertissement en un Acte, paroles de Roy, musique des Sieurs Rebel & Francœur. *Paris, le Mercier,* 1745. *in-*4°.

Cet Ouvrage est différent de celui chanté en 1744. *à l'Hôtel-de-Ville.*

L'Alliance de Minerve & de Mars, Divertissement allégorique en un Acte.

Pastorale en un Acte, exécutée par les Demoiselles de l'Enfant-Jesus, en présence de M. Languet de Gergi, Curé de S. Sulpice, le jour de sa fête.

La Reconnoissance, Divertissement en un Acte, exécuté devant le même pour la même occasion.

Divertissement en un Acte, exécuté par les mêmes au sujet de la convalescence de M. le Curé de S. Sulpice.

Divertissement pour terminer la Comédie de l'Amant-Philosophe, exécutée au Château de M. le Marquis de ***.

J'ignore par qui ces cinq Ouvrages ont été mis en musique, ils sont tous cinq de M. Arnaud, Auteur

D d

de la Tragédie de Coligni ; vous les trouverez dans le deuxiéme vol. de ses Œuvres.

Merope, Trag. op. non mise en musique, les vers sont de Frederic, Roi de Prusse, *in-*4°. *Mss.*

Nota. *C'est la Merope de Voltaire, que le Roi de Prusse a réduite en trois Actes, il y a ajouté quelques Ariettes, pour en aire un Poëme Lyrique dans le goût Italien.*

1746.

Reprise d'Armide, le 7 Janvier, *voyez la premiere Représentation de cet Opera à l'année* 1686.

Ce même Opera fut donné à Versailles devant le Roi, sur le Théâtre de la grande Ecurie, le 10 Février.

Zelisca, Comédie, Ballet en trois Actes & trois Divertissemens, représentés devant le Roi à Versailles, sur le Théâtre de la grande Ecurie, le 3 Mars, à l'occasion du mariage de Monseigneur le Dauphin.

Il n'y a d'imprimé que les paroles des Divertissemens, la Comédie ne l'a point été, cet ouvrage est de la Noue, la musique est de Jeliote.

On donna ce même Spectacle le 10 Mars, on y changea le quatriéme couplet du Divertissement qui avoit paru contenir des louanges trop fades, ce qui donna lieu à une seconde édition.

La Félicité, Ballet op. en trois Actes &

un Prologue, représenté devant le Roi à Versailles sur le Théâtre de la grande Ecurie, le 17 Mars, à l'occasion du mariage de Monseigneur le Dauphin ; paroles de Roy, musique des Sieurs Rebel & Francœur. *Paris, Ballard, 1746. in-4°.*

Le même avec des changemens, représenté le 24 Mars, *idem, idem.*

Reprise du Temple de la Gloire, le 19 Avril, *voyez la premiere Représentation de cet Opera à l'année* 1745.

Reprise des Amours des Dieux, le 12 Mai, *voyez la premiere Représentation de cet Opera à l'année* 1727.

Reprise des Fêtes de Thalie, le 13 Juin *voyez la premiere Représentation de cet Opera, à l'année* 1714.

Reprise du Triomphe de l'Harmonie, le 14 Juillet, *voyez la premiere Représentation de cet Opera à l'année* 1737.

Reprise d'Hypermnestre, le 19 Août, *voyez la premiere Représentation de cet Opera, à l'année* 1716.

Scylla & Glaucus, Trag. op. en cinq Actes & un Prologue, représentée le 4 Octobre; paroles de d'Albaret, musique de le Clerc. *Paris, 1746. in-4°.*

Reprise de Persée, le 5 Novembre, *voyez*

la premiere Représentation de cet Opera à l'année 1682.

Reprife de Zelindor Roi des Sylphes, le 7 Décembre, *voyez la premiere Représentation de cet Opera à l'année 1745.*

Cet Opera fut redonné le 26 du même mois.

Les Ames réunies, ou la Métempfycofe, Ballet op. en quatre Actes fans Prologue ; paroles de Moncrif, non mifes en mufique.

Vous le trouverez dans le troifiéme vol. de fes Œuvres.

En 1758. le Sieur d'Auvergne mit en mufique le fecond Acte de cet Ouvrage, lequel fut joint à d'autres pour former le Spectacle donné fous le titre des Fêtes d'Euterpe.

1747.

Reprife de Zelindor Roi des Sylphes, le 12 Janvier, *voyez la premiere Représentation de cet Opera à l'année 1745.*

L'année Galante, Ballet op. en quatre Actes & un Prologue, repréfenté devant le Roi à Verfailles, fur le Théâtre de la grande Ecurie, le 13 Février; paroles de Roy, mufique de Myon. *Paris, Ballard, 1747. in-4°.*

Cet Ouvrage fut donné à Paris le 11 Avril.

Sujet du Prologue,   Le Temple de Janus.
Du premier Acte, ou de l'Hyver,   Comus.
Du deuxiéme, ou du Printems,   Zephire & Flore.
Du troifiéme, ou de l'Eté,   Triptoleme.
Du quatriéme, ou de l'Automne,   la Mariéide.

Reprife d'Armide, le 17 Février, *voyez la premiere Repréfentation de cet Opera, à l'année 1686.*

Reprife de Perfée, le premier Mars à Verfailles, *voyez la premiere Repréfentation de cet Opera à l'année 1682.*

Les Fêtes de l'Hymen & de l'Amour, Ballet op. Héroïque en trois Actes & un Prologue, repréfenté devant le Roi à Verfailles fur le Théâtre de la grande Ecurie, le 15 Mars, au mariage de Monfeigneur le Dauphin, paroles de Cahufac, mufique de Rameau. *Paris, Ballard,* 1747. *in-*4°.

Premier Acte, Ofiris.
Deuxiéme, Canope.
Troifiéme, Arueris.

Cet Ouvrage fut donné à Paris le 5 Novembre 1748. & remis au Théâtre le 9 Juillet 1754.

Arueris, Acte dudit Ballet, repréfenté devant le Roi à Fontainebleau, le 15 Novembre 1753. à la fuite de la Comédie du Magnifique.

Vous le trouverez dans le vol. int. Spectacles de Fontainebleau 1753.

Reprife de l'Europe Galante, le 9 Mai, *voyez la premiere Repréfentation de cet Opera à l'année 1697.*

Reprife des Fêtes d'Hebé, ou les Talens

Lyriques, le 25 Juillet, *voyez la premiere Repréfentation de cet Opera, à l'année* 1739.

Daphnis & Chloé, Paſtorale op. en trois Actes & un Prologue, repréſentée le 28 Septembre, paroles de Laujon, muſique de Boiſmortier. *Paris, Ballard*, 1747. *in*-4°.

Cet Ouvrage a été remis au Théâtre.

Le 4 Mai 1752.

Repriſe d'Atis, le 7 Novembre, *voyez la premiere Repréfentation de cet Opera, à l'année* 1676.

Les Fêtes de la Paix, Ballet à deux entrées & un Prologue, paroles de Launay, non miſes en muſique, *in*-4°. *Mſſ.*

Premiere entrée, les Jeux Aëriens.
Deuxième, Mirtil & Aglaé.
Autre deuxième, les Bucoliques.

1748.

Iſmene, Ballet op. en un Acte, repréſenté devant le Roi ſur le Théâtre des petits Appartemens, le 10 Janvier, paroles de Montcrif, muſique des Sieurs Rebel & Francœur.

ACTEURS.

Iſmene,	Madame la Marquiſe de Pompadour.
Daphnis,	M. le Duc d'Ayen.
Cloé,	Madame Truſſon.

Vous le trouverez dans le premier vol. du Théâtre des petits Appartemens.

Ce Ballet a été représenté sur le Théâtre de l'Opera, le 18 Août 1750. précédé d'Almasis, & suivi de Linus, Acte du Ballet op. de l'Empire de l'Amour.

Remis le 18 Février 1751. suivi de Titon & l'Aurore Acte des Fêtes de Thetis, & d'Æglé.

Æglé, Ballet op. en un Acte, représenté devant le Roi sur le Théâtre des petits Appartemens, le 13 Janvier, paroles de Laujon, musique de la Garde.

ACTEURS.

Æglé,	Madame la Marquise de Pompadour.
Apollon,	M. le Duc d'Ayen.
La Fortune,	Madame la Duchesse de Brancas.

Vous le trouverez dans le premier vol. du Théâtre des petits Appartemens.

Ce Ballet a été représenté sur le Théâtre de l'Opera, le 18 Février 1751. précédé d'Ismene, & de Titon & l'Aurore Acte des Fêtes de Thetis.

Le Pédant, Ballet Pantomime, dansé devant le Roi sur le Théâtre des petits Appartemens, le 5 Février.

Vous en trouverez le Programme dans le premier vol. du Théâtre des petits Appartemens.

Almasis, Ballet op. en un Acte, représenté

devant le Roi sur le Théâtre des petits Appartemens, le 26 Février, paroles de Moncrif, musique de Royer.

ACTEURS.

Almasis,	Madame la Marquise de Pompadour.
Zamnis,	M. le Duc d'Ayen.
L'Ordonnatrice des Fêtes de l'Hymen,	Madame Trusson.
Un Indien,	M. le Marquis de la Salle.

Vous le trouverez dans le premier vol. du Théâtre des petits Appartemens.

Ce Ballet a été représenté sur le Théâtre de l'Opera, le 28 Août, suivi d'Ismene & de Linus, Acte du Ballet op. de l'Empire de l'Amour.

Zaïs, Ballet op. en quatre Actes & un Prologue, représenté le 29 Février, paroles de Cahusac, musique de Rameau. *Paris*, 1748. *in*-4°.

Cet Ouvrage fut redonné le 23 Avril de la même année avec des changemens.

Erigone, Ballet op. en un Acte, représenté devant le Roi à Versailles sur le Théâtre des petits Appartemens, le 21 Mars, paroles de la Bruere, musique de Mondonville.

ACTEURS.

Erigone,	Madame la Marquise de Pompadour.
Bacchus	

Bacchus, M. le Duc d'Ayen.
Autonoé, Madame la Duchesse de Brancas.
Un Suivant de Bacchus, M. le Marquis de la Salle.

Vous le trouverez dans le premier vol. du Théâtre des petits Appartemens.

Cet Ouvrage fut redonné sur le même Théâtre & avec les mêmes Acteurs, le 3 Février 1750. avec quelques changemens.

Le 9 Mai 1758. il a été donné avec des changemens considérables sur le Théâtre de l'Opera, dans le Spectacle, *intitulé :* Les Fêtes de Paphos.

Le Prologue des Fêtes Grecques & Romaines, Cléopâtre, Acte du même Ballet, représenté devant le Roi à Versailles sur le Théâtre des petits Appartemens, le 26 Mars, *voyez la premiere Représentation de ce Ballet à l'année* 1723.

La Vue, Acte du Ballet op. des Sens, représenté devant le Roi à Versailles sur le Théâtre des petits Appartemens, le 26 Mars, *voyez la premiere Représentation de cet Opera à l'année* 1732.

Reprise du Carnaval & la Folie, le 11 Juin, *voyez la premiere Représentation de cet Opera à l'année* 1703.

Pigmalion, Acte du Ballet du Triomphe des Arts, dont on a déja parlé à l'article de ce Ballet op. fous l'année 1700. corrigé & augmenté par Ballot, & remis en mufique par Rameau, repréfenté le 27 Août.

Cet ouvrage a été remis au Théâtre.
Le 26 Décembre de la même année.
Le 9 Mars 1751. & le 2 Décembre de la même année.

Il fut donné devant le Roi à Fontainebleau, le 12 Octobre 1754.

Vous le trouverez dans le vol. int. Spectacles de Fontainebleau, 1754.

Fragmens de différens Ballets, repréfenté le 10 Septembre 1748. *Paris, aux dépens de l'Académie*, 1748. in-4°.

Ces Fragmens étoient ainfi compofés,

Le Prologue des Amours de Vénus, *voyez la premiere Repréfentation à l'année* 1712.

Des Soirées de l'été, Acte du Ballet des Fêtes de l'été, *voyez la premiere Repréfentation à l'année* 1716.

De l'Eftime, Acte des Amours déguifés, *voyez la premiere Repréfentation à l'année* 1713.

Reprife des Fêtes de l'Hymen, le 5 Novembre, *voyez la premiere Repréfentation de cet Opera à l'année* 1747.

Les Surprifes de l'Amour, Ballet op. en deux Actes & un Prologue, repréfenté devant le Roi sur le Théâtre des petits Appartemens, le 27 Novembre, paroles de Bernard, musique de Rameau.

ACTEURS du Prologue.

LE SUJET EST LE RETOUR D'ASTRÉE.

Astrée,	Madame la Duchesse de Brancas.
Vulcain,	M. le Duc d'Ayen.
Le Tems,	M. le Marquis de la Salle.
Un Plaisir,	Madame de Marchais.

ACTEURS du premier Acte.

LE SUJET EST LA LYRE ENCHANTÉE.

Uranie, Muse,	Madame la Marquise de Pompadour.
Linus, fils d'Apollon,	M. le Marquis de la Salle.
L'Amour,	Madame de Marchais.

ACTEURS du second Acte.

LE SUJET EST ADONIS.

Venus,	Madame la Marquise de Pompadour.
L'Amour,	Madame de Marchais.
Diane,	Madame la Duchesse de Brancas.
Adonis,	M. le Duc d'Ayen.

Vous le trouverez dans le deuxiéme vol. du Théâtre des petits Appartemens.

Cet Ouvrage a été donné le 31 Mai 1757. sur le Théâtre de l'Opera avec beaucoup de changemens, 1757. *in*-4°.

Et le 18 Août 1758. avec l'Acte de la Lyre

Enchantée, augmenté & corrigé.

Tancrede repréfenté devant le Roi à Verfailles fur le Théâtre des petits Appartemens, le 10 Décembre, *voyez la premiere Repréfentation de cet Opera à l'année* 1702.

L'Opérateur Chinois, Ballet Pantomime, danfé devant le Roi à Verfailles fur le Théâtre des petits Appartemens, le 12 Décembre.

Vous en trouverez le Programme dans le deux. vol. du Théâtre des petits Appartemens.

Le Prologue des Elémens. . . . . Emilie Veftale, ou le Feu. . . . Ixion ou l'Air, Actes du même Ballet op. repréfenté devant le Roi à Verfailles fur le Théâtre des petits Appartemens, le 23 Décembre, *voyez la premiere Repréfentation de cet Opera à l'année* 1721.

Philemon & Baucis, Acte du Ballet de la Paix, repréfenté idem, idem, idem, *voyez la premiere Repréfentation de cet Opera, à l'année* 1738.

Califto, Ballet op. en trois Actes & un Prologue, dédié à Madame la Marquife de Pompadour, paroles de Renout, *in*-4°. *Mff.*

Cet Ouvrage étoit deftiné pour les Spectacles des petits Appartemens, il n'a pas été mis en mufique.

Daphné, Trag. op. en cinq Actes & un Prologue, paroles de Pigné, mufique de Boifmortier, *in-fol. Mff.* fans la mufique.

Le même, réduit en trois Actes, *in-*4°. *Mss. idem.*

Cet Ouvrage fut présenté pour les Spectacles des petits Appartemens, il n'y a pas été exécuté.

Iphife, Ballet op. en un Acte, dédié à Madame la Marquife de Pompadour, paroles de Peffelier, *in*-4°. *Mss.*

Cet Ouvrage étoit deftiné pour les Spectasles des petits Appartemens, il n'a pas été mis en mufique.

Silvandre & Themire, Paftorale en trois Actes, *in*-4°. *Mss. idem.*

1749.

Vertumne & Pomone, Acte du Ballet op. des Elémens, repréfenté devant le Roi à Verfailles fur le Théâtre des petits Appartemens, le 15 Janvier, *voyez la premiere Repréfentation de cet Opera à l'année* 1721.

Acis & Galatée, repréfenté devant le Roi à Verfailles fur le Théâtre des petits Appartemens, le 23 Janvier, *voyez la premiere Repréfentation de cet Opera à l'année* 1686.

Reprife de Platée, le 4 Février, *voyez la premiere Repréfentation de cet Opera à l'année* 1745.

Jupiter & Europe, Opera en un Acte, repréfenté devant le Roi à Verfailles fur le

Théâtre des petits Appartemens, paroles de Fufelier, mufique de Dugué.

ACTEURS.

Jupiter,	M. le Marquis de la Salle.
Europe,	Madame la Marquife de Pompadour.
Palès,	Madame Truffon.

Vous le trouverez dans le deuxiéme vol. du Théâtre des petits Appartemens.

Tibulle, Acte du Ballet op. des Fêtes Grecques & Romaines, repréfenté devant le Roi à Verfailles fur le Théâtre des petits Appartemens, le 13 Février, *voyez la premiere Repréfentation de cet Opera à l'année* 1723.

Zelie, Ballet op. en un Acte, repréfenté devant le Roi à Verfailles fur le Théâtre des petits Appartemens, le 13 Février, paroles du Sr de Curi, mufique du Sr Ferrand.

ACTEURS.

Zelie,	Madame la Marquife de Pompadour.
Linphée,	M. le Duc d'Ayen.
L'Amour,	Madame de Marchais.

Vous le trouverez dans le troifiéme vol. du Théâtre des petits Appartemens.

Cet Ouvrage fut redonné le 3 Février 1750. fur le même Théâtre avec des changemens, à cette reprife : ce fut M. le Marquis de la Salle qui joua le rôle de Linphée.

Vous le trouverez dans le quatriéme vol. du Théâtre des petits Appartemens.

Ragonde, Ballet op. en trois Actes, repréſenté devant le Roi à Verſailles ſur le Théâtre des petits Appartemens, le 18 Février, *voyez la premiere Repréſentation de cet Opera à l'année* 1742.

Repriſe de Medée & Jaſon, le 20 Février, *voyez la premiere Repréſentation de cet Opera à l'année* 1713.

Sylvie, Ballet op. en trois Actes & un Prologue, repréſenté devant le Roi à Verſailles ſur le Théâtre des petits Appartemens, le 26 Février, paroles de Laujon, muſique de la Garde.

ACTEURS du Prologue.

Vulcain,	M. le Chevalier de Clermont.
Diane,	Madame Truſſon.
L'Amour,	Madame de Marchais.

ACTEURS de la Piece.

Sylvie, Nymphe de Diane,	Madame la Marquiſe de Pompadour.
Amintas, Chaſſeur,	M. le Duc d'Ayen.
Hilas, Faune,	M. le Marquis de la Salle.
Daphné, Nymphe de Diane,	Madame de Marchais.
L'Amour,	Madame de Marchais.

Vous le trouverez dans le quatriéme vol. du Théâtre des petits Appartemens.

Reprife de Zelindor, Roi des Sylphes, le 8 Mars, *voyez la premiere Repréfentation de cet Opera à l'année* 1745.

Le Prince de Noifi, Ballet Héroïque en trois Actes fans Prologue, repréfenté à Verfailles devant le Roi fur le Théâtre des petits Appartemens, le 13 Mars, les paroles de la Bruere, la mufique des Srs Rebel & Francœur.

ACTEURS.

Le Druide,   M. le Duc d'Ayen.
Alie, fille du Druide,   Madame de Marchais.
Le Prince de Noifi, fous le nom de Poinçon.   Madame la Marquife de Pompadour.
Un Druide, Ordonnateur des Jeux,   M. le Vicomte de Rohan.
Moulineau Géant, Amoureux d'Alie,   M. le Marquis de la Salle.

Vous le trouverez dans le quatriéme vol. du Théâtre des petits Appartemens.

Cet Opera fut redonné devant le Roi fur le même Théâtre, le 10 Mars 1750. avec des changemens confidérables.

ACTEURS.

Les mêmes que ci-deffus.
Un Suivant de Moulineau, M. le Chevalier de Clermont.

Vous le trouverez dans le quatriéme vol. du Théâtre des petits Appartemens.

Naïs,

Naïs, Opera pour la Paix, en trois Actes & un Prologue, représenté le 22 Avril, paroles de Cahufac, mufique de Rameau. *Paris, 1749. in-4°.*

Reprife des Caracteres de l'Amour, le 15 Juillet, *voyez la premiere Repréfentation de cet Opera à l'année 1738.*

Le Carnaval du Parnaffe, Ballet op. en trois Actes & un Prologue, représenté le 23 Septembre, paroles de Fufelier, mufique de Mondonville. *Paris, de Lormel, 1749. in-4°.*

Cet Ouvrage a été remis au Théâtre.

Le 25 Octobre 1750.
Le 22 Mai 1759.

Iffé, repréfenté devant le Roi fur le Théâtre des petits Appartemens à Verfailles, le 26 Novembre, *voyez la premiere Repréfentation de cet Opera à l'année 1697.*

Zoroaftre, Trag. op. en cinq Actes fans Prologue, repréfenté le 5 Décembre, paroles de Cahufac, mufique de Rameau. *Paris, 1749. in-4°.*

Cet Ouvrage a été remis au Théâtre.

Le 20 Janvier 1756.

Les quatre Ages en récréation, Ballet Pantomime, danfé devant le Roi à Verfailles fur le Théâtre des petits Appartemens, le 11 Decembre.

Vous en trouverez le Programme dans le quatriéme volume du Théâtre des petits Appartemens.

Les Fêtes Theffalienes, Ballet op. en trois Actes & un Prologue, *in-4°. MJ̇.* anon.

Premier Acte, les Lapithes.
Deuxiéme, les Bergers de Lariffe.
Troifiéme, les Enchantemens de Tempé.

Cet Ouvrage deftiné pour les Spectacles des petits Appartemens n'a point été mis en mufique.

Le Retour de l'Amour & des Plaifirs, Ballet op. en un Acte, paroles de Laujon, *in-4°. MJ̇.*

Cet Ouvrage deftiné pour le même Théâtre n'a pas été mis en mufique.

Califto, Ballet op. en un Acte, paroles de Pagni le fils, *in-fol. MJ̇.*

Idem, idem.

Coridon, Paftorale en un Acte, *in-4°. MJ̇.*

Idem, idem.

Daphnis & Cloé, ou le Triomphe de la Beauté, fur les Bergers les plus fimples, *in-4°. MJ̇.* anon.

1750.

Les Bucherons ou le Médecin de Village,

Ballet Pantomime, dansé devant le Roi à Versailles sur le Théâtre des petits Appartemens, le 10 Janvier.

Vous en trouverez le Programme dans le quatriéme volume du Théâtre des petits Appartemens.

Les Fêtes de Thetis, Ballet op. en deux Actes & un Prologue, représenté devant le Roi à Versailles sur le Théâtre des petits Appartemens, le 14 Janvier, paroles de Roy, musique du Prologue & du premier Acte de Blamont, celle du deuxiéme de Buri.

Le sujet du Prologue est la Seine qui vient présenter à Thetis le rameau d'olivier.

ACTEURS.

Thetis, Madame de Marchais.
Mercure, M. le Duc d'Ayen.
La Seine, Madame Trusson.

LE SUJET DU PREMIER ACTE EST EGINE.

ACTEURS.

Jupiter, M. le Marquis de la Salle.
Egine, Madame la Marquise de Pompadour.
Sisiphe, M. le Chevalier de Clermont.

LE SUJET DU DEUXIÉME ACTE EST TITON ET L'AURORE.

ACTEURS.

Hebé, Madame de Marchais.

Titon, M. le Vicomte de Rohan.
L'Aurore, Madame la Marquise de Pompadour.
Le Soleil, M. le Marquis de la Salle.

Vous trouverez cet Ouvrage dans le quatriéme vol. du Théâtre des petits Appartemens.

L'*Acte de Titon & l'Aurore avec des changemens, a été représenté par l'Académie Royale de Musique, le 18 Février* 1751.

Reprise de Platée, le 23 Janvier, *voyez la premiere Représentation de cet Opera à l'année* 1745.

Reprise d'Erigone avec beaucoup de changemens, & avec les mêmes Acteurs, le 3 Février, devant le Roi à Versailles sur le Théâtre des petits Appartemens, *voyez la premiere Représentation de cet Opera à l'année* 1748.

Vous le trouverez dans le quatriéme vol. du Théâtre des petits Appartemens.

Reprise de Zelie avec quelques changemens & avec les mêmes Acteurs, à l'exception du rôle de Linphée, qui fut joué par M. le Marquis de la Salle, le 3 Février, devant le Roi à Versailles sur le Théâtre des petits Appartemens, *voyez la premiere Représentation de cet Opera à l'année* 1749.

Vous le trouverez dans le quatriéme vol. du Théâtre des petits Appartemens.

Mignonette, Com. Ballet en trois Actes,

ornée de spectacle & de danses, représentée devant le Roi à Versailles sur le Théâtre des petits Appartemens, le 10 Février.

Vous en trouverez le Programme dans le quatriéme volume du Théâtre des petits Appartemens.

Reprise de Tancrede, le 22 Février, *voyez la premiere Représentation de cet Opera à l'année* 1702.

La Journée Galante, Ballet op. en trois Actes sans Prologue, représenté devant le Roi à Versailles sur le Théâtre des petits Appartemens, le 25 Février, paroles de Laujon, musique de la Garde.

Le sujet du premier Acte, est la Toilette de Venus ou le Matin.

ACTEURS.

Venus, Madame la Marquise de Pompadour.
Mars, M. le Marquis de la Salle.

Celui du deux.^{me} Æglé ou les Amusemens du Soir....

Le même qu'on avoit donné en 1748.

ACTEURS.

Apollon, M. le Duc d'Ayen.
Æglé, Madame de Marchais.
La Fortune, Madame Trusson.

BALLETS

Celui du trois.ᵐᵉ Leandre et Hero, ou la Nuit.

ACTEURS.

Hero, — Madame la Marquife de Pompadour.
Léandre, — M. le Vicomte de Rohan.
Neptune, — M. le Chevalier de Clermont.

Vous le trouverez dans le quatriéme vol. du Théâtre des petits Appartemens.

Amufemens Lyriques, Ballet op. en trois Actes, repréfenté à Puteaux chez M. le Duc de Gramont, dans le mois de Février.

Premier Acte, Azor & Themire, paroles de Laujon, mufique de le Vaffeur.
Deuxiéme, Apollon & Climene, paroles de M ***, mufique de le Clerc.
Troifiéme, le Bal Militaire, paroles de Roy, mufique de Martin.

Reprife de Zelindor, Roi des Silphes, le 5 Mars, *voyez la premiere Repréfentation de cet Opera à l'année* 1745.

Reprife du Prince de Noifi, avec beaucoup de changemens, & avec les mêmes Acteurs, le 10 Mars, devant le Roi à Verfailles fur le Théâtre des petits Appartemens, *voyez la premiere Repréfentation de cet Opera à l'année* 1749.

Vous le trouverez dans le quatriéme vol. du Théâtre des petits Appartemens.

Leandre & Hero, Trag. op. en cinq Actes & un Prologue, représenté le 21 Avril, paroles de M. le Franc, musique de M. le Chevalier de Braſſac. *Paris, de Lormel,* 1750. *in-*4°.

Reprise des Fêtes Vénitiennes, le 16 Juillet, *voyez la premiere Repréſentation de cet Opera à l'année* 1710.

Fragmens donnés le 28 Août. *Paris, de Lormel, in-*4°. 1750.

Ces Fragmens étoient compoſés d'
Almaſis. . . . Iſmene. . . . Linus. . . .

Voyez *pour les deux premiers leur premiere Repréſentation à l'année* 1748. *& pour la troiſiéme celle du Ballet op. de l'Empire de l'Amour, ſous l'année* 1733. *Il y a quelques changemens dans cet Acte.*

Les mêmes, avec quelques changemens, *idem, idem.*

Reprise du Carnaval du Parnaſſe, le 23 Septembre, *voyez la premiere Repréſentation de cet Opera à l'année* 1749.

Reprise de Thetis & Pelée, le 24 Novembre, *voyez la premiere Repréſentation de cet Opera à l'année* 1689.

L'Amour & Eucharis, Ballet op. en un Acte, *in-*4°. *Mſſ.* anon.

Cet Ouvrage deſtiné pour les Spectacles des petits Appartemens, n'a point été mis en muſique.

L'Amour vangé, Pastorale en un Acte, *in-fol. Mss.* anon.

Idem, idem.

Le Ballet des Fées, Ballet op. en deux Actes & un Prologue, *in-*4°. *Mss.* anon.

Idem, idem.

Premier Acte, l'Amour tendre, ou Sérieux.
Deuxiéme, l'Amour Galant, ou Volage.

Narcisse, Ballet op. en un Acte, *in-fol. Mss.* anon.

Idem, idem.

Electre, Trag. op. en cinq Actes & un Prologue, *in-*4°. *Mss.* anon.

Cet Ouvrage destiné pour le Théâtre de l'Opera, n'a pas été mis en musique.

1751.

Fragmens donnés le 18 Février, *in-*4°.

Ces Fragmens étoient composés d'

Ismene. . . . Æglé. . . . Titon & l'Aurore.

Voyez *pour les deux premiers leur premiere Repréfentation à l'année* 1748. *& pour le troisiéme la premiere Repréfentation des Fêtes de Thetis à l'année* 1750.

Reprise des Indes Galantes, le 3 Août, *voyez la premiere Repréfentation de cet Opera à l'année* 1735.

Reprise

Reprife du Ballet des Sens, le 27 Août, voyez la premiere Repréfentation de cet Opera à l'année 1732.

La Guirlande, ou les Fleurs enchantées, Ballet op. en un Acte, repréfenté à la fuite des Indes Galantes, le 21 Septembre, paroles de Marmontel, mufique de Rameau. *Paris, de Lormel,* 1751. *in*-4°.

Les Génies Tutelaires, Divertiffement en un Acte, compofé à l'occafion de la naiffance de Monfeigneur le Duc de Bourgogne, repréfenté le 21 Septembre, paroles de Montcrif, mufique des Sieurs Rebel & Francœur. *Paris, de Lormel,* 1751. *in*-4°.

Acante & Cephife, ou la Sympathie, Paftorale en trois Actes, fans Prologue, à l'occafion de la naiffance de Monfeigneur le Duc de Bourgogne, repréfenté le 18 Novembre, paroles de Marmontel, mufique de Rameau. *Paris,* 1751. *in*-4°.

Fragmens donnés le 2 Décembre, *in*-4°.

Ces Fragmens étoient compofés d'

Æglé. . . . De Pigmalion. . . . & de l'Acte de la Vue.

Voyez *pour les deux premiers, leur premiere Repréfentation à l'année* 1748. *& pour le troifiéme, la premiere du Ballet op. des Sens, à l'année* 1732.

L'Hiftoire des Amours de Cupidon & de Pfiché, Spectacle à machines en cinq Actes,

G g

de l'invention de M. Bazin Ingénieur, musique de Blaise, représenté sur un modele de Théâtre au Palais du Luxembourg. *Paris, Delaguette*, 1751. *in*-4°.

Metastasio, (Tragédies op. de M. l'Abbé) traduites en prose françoise. *Vienne*, 1751. *in*-12. 11 *vol*.

Le premier contient,

Adrien, en trois Actes.
Titus, *idem*.

Le deuxiéme.

Cyrus, *idem*.
Zenobie, *idem*.

Le troisiéme.

Siroès, *idem*.
Aëtius, *idem*.

Le quatrieme.

Les Graces vengées, en un Acte.
Demophon, en trois Actes.

Le cinquiéme.

Hypsipile, *idem*.
Regulus, *idem*.

Le sixiéme.

Themistocles, *idem*.
L'Azyle de l'Amour, en un Acte.
Alexandre, en trois Actes.

Le septiéme.

L'Olimpiade, *idem*.
Antigone, *idem*.
Le Parnasse accusé & défendu, en un Acte.
L'Amour prisonnier, *idem*.

Le huitiéme.

Caton, en trois Actes.
La Paix entre la Beauté & la Vertu, en un Acte.
Artaxercès, en trois Actes.

Le neuviéme.

Drame en musique, en un Acte.
Didon, en trois Actes.
Semiramis reconnue, *idem.*
Le Palladium sauvé, en un Acte.
Achille à Scyros, en trois Actes.

Le dixiéme.

Astrée appaisée, ou la Félicité appaisée, en un Acte.
Hypermnestre, en trois Actes.
Le Songe de Scipion, en un Acte.
Demetrius, en trois Actes.

Le onziéme.

Le Roi Pêcheur, ou Abdolomine, *idem.*
Le Héros Chinois, *idem.*
La Naissance de Jupiter, en un Acte.
L'Isle Deserte, *idem.*

Ces Opera devroient naturellement être portés, chacun à la date de leurs Représentations, mais comme ils n'ont pas été donnés à Paris, & que d'ailleurs ce n'est qu'une traduction, on a cru qu'il étoit plus commode & plus simple de les porter tous, à celle de leur impression.

1752.

Les Fêtes de Grenade, Ballet op. en un Acte & un Prologue, exécuté au Concert de Dijon, le 12 Janvier, paroles de Disson, musique de Desmazures.

Vous trouverez cet Ouvrage dans le vol. int. Théâtre de Dijon.

Reprise d'Omphale, le 14 Janvier, *voyez la premiere Représentation de cet Opera à l'année* 1701.

Reprise de Zelindor, Roi des Sylphes, le 11 Mars & le 18 Décembre, *voyez la premiere Représentation de cet Opera à l'année* 1745.

Reprise de Daphnis & de Chloé, le 4 Mai, *voyez la premiere Représentation de cet Opera à l'année* 1747.

Reprise d'Acis & Galatée, le 6 Juin, *voyez la premiere Représentation de cet Opera à l'année* 1686.

Alphée & Arethuse, Ballet op. en un Acte & un Prologue, représenté le 22 Août. *Paris, de Lormel,* 1752. *in*-4°.

Cet Acte est tiré du Ballet op. d'Arethuse ; l'Abbé Pellegrin y fit quelques changemens que Monteclair mit en musique, c'est presque tout le premier Acte avec la derniere Scène du troisiéme, le Prologue est différent, voyez la premiere Représentation d'Arethuse à l'année 1701.

Le Devin de Village, Ballet op. en trois Actes, représenté devant le Roi à Fontainebleau, le 18 Octobre, paroles & musique de Rousseau, *de Geneve.*

Cet Ouvrage précédé du Jaloux corrigé, fut donné sur le Théâtre de l'Opera, le premier Mars 1753. Paris, de Lormel, 1753. in-4°.

Les Amours de Tempé, Ballet op. en quatre Actes, représenté le 7 Novembre, paroles de feu M. L... A... ***, la musique de Dauvergne. *Paris, de Lormel,* 1752. *in-*4°.

>*Premier Acte*, le Bal ou l'Amour discret.
>*Deuxiéme*, la Fête de l'Hymen, ou l'Amour timide.
>*Troisiéme*, l'Enchantement favorable, ou l'Amour généreux.
>*Quatriéme*, les Vendanges, ou l'Amour enjoué.

La Renaissance des Arts, Ballet op. en un Acte pour la Convalescence de Monseigneur le Dauphin, paroles de Mademoiselle de Saintphalier, musique de David, le pere.

>*Vous le trouverez à la suite d'une Comédie de la même*, int. *La Rivale Confidente.*

Adam & Eve, Trag. op. en cinq Actes, ni représentée ni mis en musique. Les paroles sont d'un Curé de Village. *Amst.* 1752. *in-*12.

La défaite de l'Envie, Prologue, suivi d'un Divertissement à l'occasion de la Naissance de Monseigneur le Duc d'Aquitaine, paroles de Pagni le fils, non mis en musique, 1752. *in-fol. Mss.*

Le Retour du Printems, Idille & Ballet Héroïque, en un Acté, paroles du Sr Gardein de Villemaire, non mifes en mufique. *Paris, Montalant*, 1752. *in*-4°.

La Fauſſe Suivante, Intermède en muſique, en deux Actes, traduit en profe & en françois, de la Finta Cameriera, Intermezzo per muſica in due atti, repréſenté ſur le Théâtre de l'Opera, en 1752.

La Femme orgueilleuſe, traduit *idem*, de la Donna ſuperba, Intermezzo per muſica in due atti, repréſentée ſur le Théâtre de l'Opera, en 1752.

Le Joueur, traduit *idem* de, il Giocatore, Intermezzo per muſica in due atti, repréſenté ſur le Théâtre de l'Opera, en 1752.

Le Maître de muſique, traduit *idem*, de, il Maeſtro di muſica, Intermezzo per muſica in due atti, repréſenté ſur le Théâtre de l'Opera, en 1752.

1753.

Titon & l'Aurore, Paſtorale op. en trois Actes & un Prologue, repréſentée le 9 Janvier. Les paroles du Prologue ſont de feu M. de la Mothe, celles de la Paſtorale de feu l'Abbé de la Marre, la muſique de Mondonville. *Paris, de Lormel*, 1753. *in*-4°.

Le Jaloux corrigé, Ballet op. en un Acte, dans lequel on a parodié pluſieurs Ariettes des Bouffons, repréſenté à Berni chez Monseigneur le Comte de Clermont, dans le mois de Février. Les paroles sont de Collé, la musique de Blavet, *in*-4°. paroles & musique.

Il est assez difficile de le trouver tel qu'il fut donné la premiere fois chez Monseigneur le Comte de Clermont, le Jaloux se nommoit Haxon. Un Particulier de Paris qui portoit le même nom, crut qu'on avoit voulu le jouer & s'en plaignit ; on supprima autant qu'on put les exemplaires, où étoit ce nom qui le choquoit, & on en fit une nouvelle édition, où l'on substitua celui d'Orgon.

Ce fut en cet état qu'il fut donné le premier Mars sur le Théâtre de l'Opera, précédé du Devin de Village. Paris, de Lormel, 1753. in-4°.

Reprise du Devin de Village, le premier Mars, *voyez la premiere Représentation de cet Opera à l'année* 1752.

Reprise des Fêtes Grecques & Romaines, le 5 Juin, *voyez la premiere Représentation de cet Opera à l'année* 1723.

Reprise des Fêtes de Polimnie, le 21 Août, *voyez la premiere Représentation de cet Opera à l'année* 1745.

Reprise du Prologue de Phaëton, le 23 Octobre, *voyez la premiere Représentation de cet Opera à l'année* 1683.

Daphnis & Eglé, Pastorale Héroïque, en un Acte, représenté devant le Roi à Fontainebleau, le 30 Octobre, paroles de Collé, musique de Rameau.

Cette Paſtorale fut donnée après la fauſſe Antipathie, Comédie de la Chauſſée; vous la trouverez dans le volume int. Spectacles de Fontainebleau, 1753.

Liſis & Delie, Paſtorale en un Acte, repréſentée devant le Roi à Fontainebleau en 1753. paroles de Marmontel, muſique de Rameau.

Vous la trouverez dans le volume int. Spectacles de Fontainebleau, 1753.

Repriſe de l'Acte de la danſe, des Fêtes d'Hebé ou Talens Lyriques, devant le Roi à Fontainebleau, le 6 Novembre, *voyez la premiere Repréſentation de cet Opera à l'année* 1739.

Vous le trouverez dans le volume int. Spectacles de Fontainebleau, 1753.

La Coquette trompée, Ballet op. en un Acte, repréſenté devant le Roi à Fontainebleau, le 13 Novembre, paroles de Favart, muſique de Dauvergne.

Vous le trouverez dans le volume int. Spectacles de Fontainebleau 1753.

Le 8 Août 1758. cet Acte a été donné ſur le Théâtre de l'Opera, dans le Ballet int. Les Fêtes d'Euterpe.

Les Sibarites, Ballet en un Acte, repréſenté devant le Roi à Fontainebleau, le 13 Novembre, paroles de Marmontel, muſique de Rameau.

Vous

Vous le trouverez dans le volume int. *Spectacles de Fontainebleau* 1753.

Le 12 Juillet 1757. cet Acte a été donné fur le Théâtre de l'Opera.

Reprife d'Arueris, Acte des Fêtes de l'Hymen, devant le Roi à Fontainebleau, le 15 Novembre, *voyez la premiere Repréfentation de cet Opera à l'année* 1747.

Vous trouverez cet Acte dans le volume int. *Spectacles de Fontainebleau* 1753.

Reprife d'Atis devant le Roi à Fontainebleau, le 17 Novembre, *voyez la premiere Repréfentation de cet Opera à l'année* 1676.

Les Amours Imprévus, Idille & Ballet Héroïque, en un Acte, par le Sr Gardein de Villemaire, non mis en mufique. *Paris, Montalant,* 1753. *in-*4°.

Les Artifans de qualité, Interméde en deux Actes, traduit en françois & en profe, de *Gli Artigiani arrichiti, Intermezzo per mufica, in due atti,* repréfenté fur le Théâtre de l'Opera en 1753.

Bertolde à la Cour, Intermède en deux Actes, traduit en françois & en profe de *Bertoldo in Corte, Intermezzo per mufica, in due atti,* repréfenté fur le Théâtre de l'Opera en 1753.

La Bohemienne, Intermède en deux Actes, traduit en françois & en prose de *La Zingara, Intermezzo per musica, in due atti*, représenté sur le Théâtre de l'Opera en 1753.

Le Chinois de retour, Scène Lyrique, traduit en françois & en prose de *Il Cinese rimpatriato, Divertimento Scenico*, représenté sur le Théâtre de l'Opera en 1753.

La Gouvernante rusée, Opera burlesque, en trois Actes, traduit en françois & en prose de *La Scaltra Governatrice, Drama Giocosa, in tre atti*, représenté sur le Théâtre de l'Opera en 1753.

La Pipée, Intermède en deux Actes, traduit en françois & en prose de *Il Paratajo, Intermezzo per musica, in due atti*, représenté sur le Théâtre de l'Opera en 1753.

Tracollo, Médecin ignorant, Intermède en deux Actes, traduit en françois & en prose de *Tracollo, Medico ignorante, Intermezzo per musica in due atti*, représenté sur le Théâtre de l'Opera en 1753.

1754.

Reprise de Castor & Pollux, le 11 Janvier, *voyez la premiere Représentation de cet Opera à l'année* 1737.

Reprise de Platée, le 21 Février, *voyez la premiere Représentation de cet Opera à l'année* 1745.

La Forêt enchantée, Représentation tirée du Poëme italien de la Jerusalem délivrée, Spectacle (*de l'invention de Servandoni*) orné de machines, animé d'Acteurs Pantomimes, & accompagné d'une musique (*de la composition de Geminiani*) qui en exprime les différentes actions, exécuté sur le grand Théâtre du Palais des Thuilleries, le 31 Mars. Paris, *Ballard,* 1754. *in-8°.*

Reprise des Elémens, le 14 Mai, *voyez la premiere Représentation de cet Opera à l'année* 1721.

Reprise des Fêtes de l'Hymen, le 9 Juillet, *voyez la premiere Représentation de cet Opera à l'année* 1747.

L'Union d'Hebé avec Minerve, ou le Jeune Daphnis, chef des Bergers d'Oenotrie, Pastorale Héroïque, avec des Intermèdes en musique, représentée par les Ecoliers de Dijon, le 20 Août, en présence de S. A. S. Monseigneur le Prince de Condé, tenant pour la premiere fois les Etats de la Province de Bourgogne. *Dijon, P. Defaint*, 1754. *in*-4°.

Le Berceau, Divertissement en musique, donné à l'occasion de la Naissance du fils de M. de Caumartin, Intendant des Trois-Evêchés, exécuté le 19 Septembre, sous les ordres de Messieurs les Magistrats de la Ville de Metz, par les Comédiens ordinaires, paroles & musique anon. *Metz, Joseph Colignon*, 1754. *in*-4°.

Reprise des Fêtes de Thalie, le 24 Septembre, *voyez la premiere Repréfentation de cet Opera à l'année* 1714.

Fragmens, représentés devant le Roi à Fontainebleau, le 12 Octobre, composés de *l'Acte de la Naissance d'Osiris, ou la Fête Pamilie, Ballet op.* en un *Acte*, paroles de *Cahusac*, musique de *Rameau*. Cet Ouvrage est allégorique à la naissance de M. le Duc de Berri.

De celui des Incas du *Pérou*, *Acte des Indes Galantes*, *voyez la premiere Repréfentation de cet Opera à l'année* 1735.

Et de celui de Pigmalion, *Acte du Triomphe des Arts*, *voyez la premiere Repréfentation de cet Opera à l'année* 1700. & la premiere de cet *Acte* corrigé à l'année 1748.

Vous trouverez ces Fragmens dans le volume int. *Spectacles de Fontainebleau, année* 1754.

Reprife de Thefée, devant le Roi à Fontainebleau, le 18 Octobre, fans Prologue, & à Paris le 3 Décembre, *voyez la premiere Repréfentation de cet Opera à l'année* 1675.

Anacréon, Ballet op. en un Acte, repréfenté devant le Roi à Fontainebleau, le 23 Octobre, paroles de Cahufac, mufique de Rameau.

Vous le trouverez dans le vol. int. *Spectacles de Fontainebleau, année* 1754.

Daphnis & Alcimadure, Paftorale op. en Languedocien, en trois Actes & un Prologue, repréfenté devant le Roi à Fontainebleau, le 29 Octobre, paroles & mufique de Mondonville.

Vous le trouverez dans le volume int. *Spectacles de Fontainebleau, année* 1754.

Cet ouvrage a été donné à Paris
Le 29 Décembre 1754.

Le même, accommodé en patois de Montpellier. *Montpellier,* 1758. *in-8°.*

Reprife d'Alcefte, devant le Roi à Fontainebleau, le 7 Novembre, *voyez la premiere Repréfentation de cet Opera à l'année* 1674.

Reprife de Thetis & Pelée, devant le Roi

à Fontainebleau, le 14 Novembre, *voyez la premiere Repréſentation de cet Opera à l'année* 1689.

La Parque vaincue, Divertiſſement en un Acte, ſur la convaleſcence de M. le Duc de Fronſac, exécuté à l'Hôtel de Richelieu à Verſailles, paroles de Tanevot, muſique de Buri. *Paris, Ballard,* 1754. *in-*4°.

Les Voyageurs, Intermède en trois Actes, traduit en françois & en proſe de *I Viagiatori, Intermezzo, per muſica, in tre atti,* repréſenté ſur le Théâtre de l'Opera en 1754.

1755.

La Femme, Acte du Ballet des Fêtes de Thalie, repréſenté devant le Roi à Verſailles, ſur le Théâtre du Château, le 9 Janvier, *voyez la premiere Repréſentation deſdites Fêtes à l'année* 1714.

La Vûe, Acte du Ballet des Sens, repreſenté devant le Roi à Verſailles ſur le Théâtre du Château, le 23 Janvier, *voyez la premiere Repréſentation de cet Opera à l'année* 1732.

L'Italie, Acte du Ballet de l'Europe Galante, repréſenté devant le Roi à Verſailles ſur le Théâtre du Château, le 15 Février, *voyez la premiere Repréſentation de cet Opera à l'année* 1697.

Le Bal, Acte du Ballet des Fêtes Vénitiennes, repréfenté devant le Roi à Verfailles fur le Théâtre du Château, le 5 Mars, *voyez la premiere Repréfentation de cet Opera à l'année* 1710.

Le Triomphe de l'Amour conjugal, ou l'Hiftoite d'Admete & d'Alcefte, Spectacle orné de machines, animé d'Acteurs Pantomimes, & accompagné d'une mufique qui en exprime les différentes actions, repréfenté fur le grand Théâtre du Palais des Thuilleries, le 16 Mars ; l'invention eft du Sr Servandoni, la mufique du Sr Alexandre. *Paris, Ballard,* 1755. *in-*8°.

Application, ou expreffion & caractéres des Airs du Triomphe conjugal, de la compofition de M. Alexandre, fur les canevas du Sr Silveftre, *in-*8°.

Reprife de Caftor & Pollux, le 11 Avril, *voyez la premiere Repréfentation de cet Opera à l'année* 1737.

Reprife d'Ajax, le 13 Mai, *voyez la premiere Repréfentation de cet Opera à l'année* 1716.

Reprife du Carnaval & la Folie, le 24 Juin, *voyez la premiere Repréfentation de cet Opera à l'année* 1703.

Reprife de l'Europe Galante, le 26 Août,

voyez la premiere Représentation de cet Opera à l'année 1697. On le redonna aussi le 27 Novembre de la même année,

Deucalion & Pirrha, Ballet op. en un Acte, représenté le 30 Septembre, paroles de Saintfoix, musique de Giraud. *Paris, de Lormel,* 1755. *in-*4°.

Le même ouvrage, *Mss.* tel que l'Auteur me l'avoit donné avant les corrections qu'on lui demanda, pour le représenter sur le Théâtre, *in-*4°.

Reprise de Roland, le 11 Novembre, *voyez la premiere Représentation de cet Opera à l'année* 1685.

Criseis, Trag. op. en cinq Actes & un Prologue, par un Particulier qui n'est ni Poëte ni Musicien, & qui a fait les paroles & la musique, 1755. *in-*4°. *Mss.*

Le Sacrifice d'Isaac, Trag. op. en deux Actes, trad. de l'Italien de l'Abbé Metastase, Poëte Impérial, 1755. *in-*4°.

1756.

Reprise de Zoroastre, le 20 Janvier, *voyez la premiere Représentation de cet Opera à l'année* 1749.

Fragmens donnés le 26 Janvier.

La Conquête du Mogol, par Thamas Koulikan, Roi de Perse, & son Triomphe, Spetacle de l'invention du Sr Servandoni, musique du Sieur Alexandre, représentée sur le Théâtre du Palais des Thuilleries, le 4 Avril, *Paris, J. Chardon,* 1756. *in-*8°.

Reprise des Fêtes d'Hebé, ou Talens Lyryques, le 18 Mai, *voyez la premiere Représentation de cet Opera à l'année* 1739.

La Prise du Port-Mahon, nouveau Spectacle marin, représenté le 25 Août, sur le bassin d'eau naturelle, construit dans les fossés du Boulevard, suivie des Fêtes de la France, avec un feu d'artifice allégorique. *Paris, de Lormel, in-*8°.

Reprise de Zaïde, le 17 Août, *voyez la premiere Représentation de cet Opera à l'année* 1739.

Celime, ou le Temple de l'Indifférence, Ballet op. en un Acte, représenté le 28 Septembre, paroles de feu M. ***, musique du Chevalier d'Herbain. *Paris, de Lormel,* 1756. *in-*4°.

Cet Acte fut donné à la suite de Zaïde.

Reprise d'Alcione, le 15 Octobre, *voyez la premiere Représentation de cet Opera à l'année* 1706.

L'Oiseleuse & Don Narcisse, Intermède à

deux voix, musique de Jumelli & de Galuppi, traduit en vers blancs de l'*Uccelatrice e il Don Narcisso del Signor Jumelli e del Signor Buranello*, représenté en Italien, à Berni chez M. le Comte de Clermont, le 19 Octobre, la traduction françoise est à côté de l'italien, 1756. in-4°.

Reprise d'Issé, le 26 Décembre, *voyez la premiere Représentation de cet Opera à l'année* 1697.

1757.

Reprise d'Hippolyte & Aricie, le 25 Février, *voyez la premiere Représentation de cet Opera à l'année* 1733.

Description du Spectacle de la Constance couronnée, exécutée pour la premiere fois sur le grand Théâtre du Palais des Thuilleries, le 27 Mars de l'invention du Sr Servandoni. *Paris, de Lormel,* 1757. *in-*8°.

Reprise d'Issé, pour la Capitation.

Reprise d'Alcione, le 5 Mai, *voyez la premiere Représentation de cet Opera à l'année* 1706.

Reprise des Surprises de l'Amour, le 31 Mai, *voyez la premiere Représentation de cet Opera à l'année* 1748.

A cette reprise l'Auteur fit des changemens à la Lyre enchantée, deuxième entrée de cet Opera.

Les Sibarites, donnés à Paris le 12 Juillet, *voyez la premiere Repréfentation de cet Acte à l'année* 1753.

Reprife des Amours des Dieux, le 16 Août, *voyez la premiere Repréfentation de cet Opera à l'année* 1727. On les a donnés auffi le 8 Novembre.

Reprife d'Alcefte, le 15 Novembre, *voyez la premiere Repréfentation de ce Divertiffement à l'année* 1674.

Divertiffement pour la Fête de Madame le Normant, exécuté en l'Abbaye de Port-Royal, le 3 Octobre, paroles de Brunet, mufique d'Haudimont, *in-*4°. *Mff.*

1758.

L'Amour caché fous des fleurs, Ballet Pantomime fur différens airs connus, danfé fur le Théâtre de la Comédie Françoife, le 28 Janvier. *Paris, Duchefne, in-*8°.

Enée & Lavinie, Trag. op. dont j'ai parlé fous l'année 1690. remife totalement en mufique par d'Auvergne, avec quelques changemens dans les paroles, & repréfentée le 14 Février. *Paris, de Lormel,* 1758, *in-*4°. On l'a repris le 4 Avril & le 18 Juillet.

Defcription du Spectacle de la chute des Anges rebelles, fujet tiré du Poëme de Milton, de l'invention du Sieur Servandoni, &

exécuté aux Thuilleries, sur le Théâtre de la Salle des machines, le 12 Mars. *Paris, 1758. in-8°.*

Lettre de M * * * à M * * * au sujet du Spectacle de la révolte & de la chute des Anges rebelles, proposé & exécuté par le Chevalier de Servandoni, le 12 Mars. *Paris, 1758. in-8°.*

C'est une Description de ce Spectacle différente de la précédente.

Reprise des Amours des Dieux, le 6 Avril, *voyez la premiere Représentation de cet Opera à l'année* 1727. On y joignit l'Acte de la Provençale.

Les Fêtes de Paphos, Ballet op. en trois Actes sans Prologue, représenté le 9 Mai. *Paris, de Lormel, 1758. in-4°.*

Premier Acte.

Venus & Adonis, paroles de Collet, Sécretaire d'Ambassa de à Parme, musique de Mondonville.

Cet Acte avoit déja été représenté à Belle-Vue, par Madame la Marquise de Pompadour.

Deuxiéme.

Bacchus & Erigone, paroles de la Bruere, avec quelques changemens, musique de Mondonville.

On a déja parlé de cet Acte sous l'année 1748.

Troisiéme.

L'Amour & Psiché, paroles anon. musique de Mondonville.

Les Fêtes d'Euterpe, Ballet en trois Actes sans Prologue, représenté le 8 Août. *Paris, de Lormel,* 1758. *in-*4°.

Premier Acte.

La Sybille, paroles de Montcrif, musique de Dauvergne.

Deuxième.

Alphée & Arethuse, paroles tirées du Ballet d'Arethuse de Danchet, avec quelques changemens, musique de Dauvergne.

Troisième.

La Coquette trompée, paroles de Favard, musique de Dauvergne.

Cet Acte avoit déja paru devant le Roi à Fontainebleau en 1753.

Reprise des Surprises de l'Amour, le 18 Octobre, *voyez la premiere Représentation de cet Opera à l'année* 1748.

Reprise de Proserpine, le 14 Novembre, *voyez la premiere Représentation de cet Opera à l'année* 1680.

Le Temple des Chimeres, Divertissement en un Acte, représenté en Société, paroles de M. le Président Henault, musique de M. le Duc de Nivernois, 1758. *in-*4°.

Œuvres Dramatiques d'Apostolo Zeno, traduites de l'Italien en françois & en prose, anon. *Paris, Duchesne, in-*12. 2 *vol.*

Le premier contient,

Merope, Trag. op. en trois Actes.
Nitocris, Trag. op. en trois Actes.
Papirius, Trag. op. en trois Actes.
Joseph, Action sacrée, en deux Actes.

Le deuxiéme.

Andromaque, Trag. op. en cinq Actes
Hymenée, Pastorale, en trois Actes.
Mithridate, Trag. op. en cinq Actes.
Jonathas, Piece sainte, en deux Actes.

F I N.

TABLE
ALPHABETIQUE DES AUTEURS,
ET DES OUVRAGES.
A

ABDERITES, (les) Actes, *voyez* Stratagêmes de l'Amour, *page* 169
Abdolomine, (le Roi-Pêcheur ou) Trag. op. *v.* Metastasio, 234
Abdolominus, (Intm. pour la Trag d') 133
Abeille, (l'Amour piqué par une) intm. *v.* grandes nuits de Sceaux, 138
Abelle Oratorio, Trag. op. 146
Abfence furmontée, (l') Acte, *v.* l'Ecole des Amans, 203
Acante & Cephife, ou la Sympathie, Paft. 233
Achille à Scyros, Trag. op. *v.* Metastasio, 234
Achille & Deidamie, Trag. op. 187
Achille & Polixene, Trag. op. 107
Acis & Galatée, Paft. Hér. 105
Aconce & Cidippe, Trag. op. 204
Adam, P. 117
Adam & Eve, Trag. op. 237
Admete (le Triomphe de l'Amour conjugal, ou l'hiftoire d') & d'Alcefte, 247
Adonis, Acte, *v.* les Surprifes de l'Amour, 218
Adonis, (Venus &) Acte, *v.* Amours des Déesses, 173
Adonis, (Venus &) Acte, *v.* Fêtes de Paphos, 252
Adonis, (Venus &) Trag. op. 117
Adrefle (remerciment du Maître du Bureau d') à ceux qui danfent fon Ballet, 59
Adrien, Trag. op. *v.* Metastasio, 234
Æglé, Ballet op. 215
Aëtius, Trag. op. *v.* Metastasio, 234
Africains, ent. *v.* Temple de la Paix, 103
Age viril (l') ou l'Amour coquet, *v.* les Ages, 157
Ages, (les) Bal. op. *ibid.*
Ages (les quatre) en récréation, Ballet Pant. 225

Aglaé, (Mirtil &) Acte, v. Fêtes de la Paix, *page* 214
Agriculture, (l') Acte, v. Bal. des Arts, 76
Ajax, Trag. op. 153
Aiguebert, p. ... 17
Air, (l') ou Ixion, Acte, v. les Elémens, 163
Alarius, m. ... 33
Alceste, Trag. op. 88
Alceste, (le Triomphe de l'Amour conjugal ou l'histoire d'Admete & d') 247
Alcibiade, ou les Jeux Olympiques, Acte, v. Fêtes Grecques & Romaines, 166
Alcide, Trag. op. 113
Alcide (le grand Bal d') & d'Hebé, 116
Alcidiane, (Ballet Royal d') 72
Alcine, Trag. op. 135
Alcine, (le Palais d') Bal. 78
Alcione, Trag. op. 137
Alexandre, Trag. op. v. Metastasio, 234
Alexandre, m... 39
Allard, p... 2
Alleau, p... 16
Alliance de Minerve & de Mars, div... 209
Alliances de France & d'Espagne, Bal. v. Récit d'un Berger, 45
Idem, v. Bal. de la Reine Marguerite, 48
Almasis, Bal. op. 215
Alphée & Arethuse, Bal. op. 236
Amadis de Gaule, Trag. op. 101
Amadis de Grece, Trag. op. 122
Amadis, (ent... des) Bal. 47
Amans, (l'Ecole des) Bal. op. 203
Amans magnifiques, (les) v. Div... Royal 84
Amans réunis, (Sylvanire ou les) Past. hér. 155
Amant Philosophe, (div. pour la Com. de l') 209
Amarillis, ent... v. les Muses, 132
Ameriquains, (Sauvages) ent... v. Temple de la Paix, 103
Ames réunies, (les) ou la Métempsicose, Bal. op. 212
Amimome, (Neptune &) Acte, v. Amours des Dieux, 171
Amitié (l') Acte, v. Amours déguisés, 147
Amour à la Cour (l') Acte, v. Voyages de l'Amour, 189
Amour à la Ville, (l') Acte, v. *idem*, *ibid.*
Amour ambitieux, (les Gnomes ou l') Acte, v. les Génies, 190
Amour au Village, (l') Acte, v. Voyages de l'Amour, 189
Amour, (l'Azyle de l') op. v. Metastasio, 234
Amour, (le Bal. d') 49

ALPHABETIQUE.

Amour, (Bal. de l')	page 83
Amour caché fous des fleurs, (l') Bal. Pant.	251
Amour, (les caracteres de l') Bal. op.	193
Amour conjugal, (le Triomphe de l') ou l'Hiftoire d'Admete & d'Alcefte,	247
Amour Coquet, (l'Age viril ou l') Acte, *v.* les Ages,	157
Amour (les Coups de l') & de la Fortune,	125
Amour de ce tems, (Bal. de l')	53
Amour, (Déreglement de l') Bal.	65
Amour defarmé (Bal. de l')	49
Amour, (Diane & l') Id.	179
Amour difcret, (le Bal ou l') Acte, *v.* les Amours de Tempé,	237
Amour, (l'Empire de l') Bal. hér.	184
Amour enjoué, (les Vendanges ou l') Acte, *v.* les Amours de Tempé,	237
Amour (l') & Eucharis, Bal. op.	231
Amour (l') & Pfiché, Acte, *v.* Fêtes de Paphos,	252
Amour & Pfiché, (les Dieux ou l') Acte, *v.* l'Empire de l'Amour,	184
Amour (la Fête de l') & de l'Hymen, Paft.	158
Amour (les Fêtes de l') & de Bacchus, Paft.	86
Divertiflement tiré de cet ouvrage,	193
Amour, (Fêtes de l'Hymen & de l') Bal. op.	213
Amour Fidéle, (l') Acte, *v.* Caracteres de l'Amour,	193
Amour fléchi par la Conftance, (l') Paft.	120
Amour généreux, (l'enchantement favorable ou l') Acte, *v.* les Amours de Tempé,	237
Amour guéri, (l') Trag. op.	96
Amour jaloux, (l') Acte, *v.* Caracteres de l'Amour,	193
Amour indifcret, (les Nymphes ou l') Acte, *v.* les Génies,	190
Amour ingenu, (la Jeuneffe ou l') Acte, *v.* les Ages,	157
Amour joué, (la Vieilleffe ou l') Acte, *v. idem,*	ibid.
Amour léger, (les Sylphes ou l') Acte, *v.* les Génies,	190
Amour malade, (l') Bal.	71
Amour, (les Mufes raffemblées par l') Id.	168
Amour (l') ou la Vue, Acte, *v.* les Sens,	182
Amour, (les Peines & les Plaifirs de l') Paft.	86
Amour, (les Peines & les Plaifirs de l') Bal. hér.	178
Amour Peintre, (l') Com. Bal. *v.* Bal. des Mufes,	80
Amour piqué par une Abeille, Intm. *v.* grandes Nuits de Sceaux,	138
Amour, (le Pouvoir de l') Bal. op.	204
Amour Prifonnier, (l') Op. *v.* Metaftafio,	234

K k

Amour, (de la Puissance de l') v. Bal. de Psiché, *page* 70
Amour, (Retour de l') au Village, Acte, v. Voyages de
　l'Amour, 189
Amour, (le Retour de l') & des Plaisirs, Bal. op. 226
Amour Saltimbanque, (l') ent. v. Fêtes Vénitiennes, 143
Amour, (les Stratagêmes de l') Bal. op. 169
Amour, (les Surprises de l') Bal. op. 218
Amour timide, (la Fête de l'Hymen, ou l') Acte, v.
　les Amours de Tempé, 237
Amour, (le Triomphe de l') Past. anon. 86
Amour, (le Triomphe de l') Bal. par Quinault, 96
Amour, (le Triomphe de l') Id. par Morand, 179
Amour, (le Triomphe de l') & de l'Hymen, Div. 176
Amour (le Triomphe de l') sur Bacchus, Acte, v. Fêtes
　nouvelles, 186
Amour vangé, (l') Past. Ital. v. Endimion, 162
Amour vangé, (l') Past. anon. & *mss.* 232
Amour violent, (les Salamandres ou l') Acte, v. les Gé-
　nies, 190
Amour volage, (l') Acte, v. Caracteres de l'Amour, 193
Amour, (les Voyages de l') Bal. op. 189
Amours, (les) ent. v. Triomphe de l'Amour, 96
Amours de Cupidon & de Psiché, Spectacle à machines, 233
Amours de Jupiter & de Semelé, Bal. 79
Amours de Mars & de Venus, Bal. op. 147
Amours de Momus, Bal. op. 115
Amours de Protée, Bal. op. 160
Amours de Tempé, Bal. op. 237
Amours déguisés, Bal. par Benserade, 78
Amours déguisés, Bal. op. par Fuselier, 149
Amours des Déesses, Bal. op. 173
Amours des Dieux, Bal. hér. 171
Amours des grands Hommes, Bal. hér. 178
Amours du Printems, Bal. op. 192
Amours du Soleil, (sujet des) 85
Amours imprévus, Bal. hér. 241
Amphion, Acte, v. Triomphe de l'Harmonie, 191
Amphion, (la Musique ou) ent. v. Triomphe des Arts, 123
Amphitrite & Neptune, ent. v. Triomphe de l'Amour, 96
Amusemens Lyriques, Bal. op. 230
Anacreon, Bal. op. 245
Andouilles, (le Bal. des) 59
Androgines, (le Bal. des) v. le Bal. des Machlyenes, 51
Andromaque, Trag. op. v. Œuvres Dram. de Zeno, 253
Anges (assemblée des) dans le Ciel, ent. v. Abregé du

ALPHABETIQUE.

Poëme latin des Innocens, *page* 98
{ Anges rebelles, (desc. du Spectacle de la chute des) 251
{ Lettre au sujet de ce Spectacle, 252
Anne d'Autriche (entrée d') à Lyon, *v.* le Soleil au signe du Lyon, 54
Année Galante, (l') Bal. op. 212
Antigone, Trag. op. *v.* Metastasio, 234
Apelle, (la Peinture ou) ent. *v.* Triomphe des Arts, 123
Apollon, ent. *v.* Triomphe de l'Amour, 96
Apollon, (les Amours d') & de Daphné, Bal. 67
Apollon & Climene, Acte, *v.* Amusemens Lyriques, 230
Apollon & Coronis, Acte, *v.* Amours des Dieux, 171
Apollon & les Muses, Intm. *v.* Grandes nuits de Sceaux, 138
Apollon & Momus, Intm. *v. idem,* *ibid.*
Apollon, (vers pour le Bal. d') 54
Architecture, (l') ent. *v.* Triomphe des Arts, 123
Ardens, (le Bal. des) 51
Arethuse, Bal. op. 125
Arethuse, (Alphée &) Bal. op. 236
Argonautes, (Bal. des) 49
Ariane, Trag. op. 156
Ariane & Bacchus, Trag. op. 116
Ariane & Bacchus, ent. *v.* Triomphe de l'Amour, 96
Ariane & Bacchus, Acte, *v.* les Saisons, 116
Ariane, (Bacchus &) Acte, *v.* Amours des Dieux, 171
Ariane & Thésée, (les Mortels ou) Acte, *v.* l'Empire de l'Amour, 184
Aricie, Bal. op. 118
Aricie, (Hipolyte &) Trag. op. 184
Arion, Trag. op. par le Brun, 148
Arion, Trag. op. par Fuselier, 150
Armes de la France, (Bal. de la Prospérité des) 64
Armide, Trag. op. 105
Armide, (Avantures de Renaud & d') Bal. *v.* Chevaliers de la Terre Sainte, 52
Armide, (Renaud ou la suite d') Trag. op. 164
Arsenal, (vers du Bal. du Mail de l') 63
Art de F***, (l') ou Paris F*** Bal. 198
Artaxerces, Trag. op. *v.* Metastasio, 234
Artisans de qualité, (les) Intm. 241
Arts, (Bal. des) 76
Arts, (la Renaissance des) Bal. op. 237
Arts, (le Triomphe des) Bal. op. 123
Arueris, Acte, *v.* Fêtes de l'Hymen & de l'Amour, 213
Assemblée, (l') Acte, *v.* Plaisirs de la Paix, 152

K k ij

TABLE

Affouci, P. *page* 5
Aftrée, Trag. op. 112
Aftrée, Intm. v. Grandes Nuits de Sceaux, 138
Aftrée appaifée, ou la Félicité appaifée, Op. v. Metaftafio, 234
Aftrée, (le Retour d') Prol. v. les Surprifes de l'Amour, 218
Atis, Trag. op. 91
Aftrée, (le Feftin d') Trag. op. 120
Avantures de Renaud & d'Armide, Bal. v. Chevaliers de la Terre Sainte, 52
Aubert, M. 34
Aubignac, P. 2
Auguftales, (les) Div. 203
Aurore, (Dialogue d'Hefperus & de l') v. Grandes Nuits de Sceaux, - 138
Aurore & Cephale, (l') Bal. 40
Aurore & Cephale, (l') Acte, v. Amours des Déeffes, 173
Aurore, (Titon & l') Acte, v. Fêtes de Thetis, 227
Aurore, (Titon & l') Paft. 238
Augsbourg, (la Foire d') ou la France mife à l'encan, Bal. 114
Automne, (l') Acte, v les Saifons 116
Automne, (l') Id. 127
Automne, (l') ou la Mineide, Acte, v. l'Année Galante, 212
Autreau, P. 16
Autruches, (Bal. des) 73
Auvergne, (d') M. 39
Azyle de l'Amour, (l') Op. v. Metaftafio, 234
Azor & Themire, Acte, v. Amufemens Lyriques, 230

B

Bacchanales, (Cleopatre ou les) v. Fêtes Grecques & Romaines, 166
Bacchanales, (vers pour le Bal. du Roi, rep. les) 55
Bacchus, (Bal. du Roi des Fêtes de) 67
Bacchus, (le Carnaval mort & reffufcité par) v. vers du Bal. des Moufquetaires du Roi, 62
Bacchus, (Div. tiré des Fêtes de l'Amour & de) 193
Bacchus, (entrée de) avec Madame Dimanche-Graffe fa femme, Bal. 57
Bacchus, Ariane &) Trag. op. 116
Bacchus, (Ariane &) ent. v. Triomphe de l'Amour, 96
Bacchus, (Ariane &) Acte, v. les Saifons, 116
Bacchus & Ariane, Acte, v. Amours des Dieux, 171
Bacchus, (les Fêtes de l'Amour & de) Paft. 86

Bacchus, (Triomphe de l'Amour sur) Acte, *v.* Fêtes nouvelles, *page* 186
Bacchus (le Triomphe de) dans les Indes, Masc. 79
Bajocco, (Serpilla e) Intm. 176
Bal, (le) Acte, *v.* Carnaval de Venise, 122
Bal, (le) ent. *v.* Fêtes Vénitiennes, 143
Bal, (le) ou l'Amour discret, Acte, *v.* les Amours de Tempé, 237
Bal champêtre, (le) Acte, *v.* Fêtes nouvelles, 186
Bal de la Reine Marguerite, Bal. 48
Bal interrompu, (le) ent. *v.* Fragmens de M. de Lully, 128
Bal Militaire, (le) Acte, *v.* Amusemens Lyriques, 230
Ballet des Ballets, 1671. 85
Ballet des Ballets, (vers pour le) 1626. 56
Ballet en langage foresien, 46
Ballet (le grand) ou Branle de sortie du Cardinal Mazarin, Bal. 66
Ballets comiques, 201
Ballets exécutés devant le Roi, 208
Ballets, (Recueil des) par P. B. S. D. V. 51
Ballets, (Recueil des plus excellens) 49
Ballot, P. 22
Banzi, P. 10
Barbacola, ent. *v.* le Carnaval, Masc. 90
Barqueroles, (Fêtes des) ent. *v.* Fêtes Vénitiennes, 143
Basques, ent. *v.* Temple de la Paix, 103
Bataille de Hoogstet, Trag. op. 145
Baptême de Monseigneur Philippe-Emanuel Prince de Piémont, Bal. 44
Batistin, M. 32
Baucis, (Philemon &) Acte, *v.* Bal. de la Paix, 193
Baugé, Past. 9
Bayone, (Choses notables faites à) Bal. 43
Bazin, P. 23
Beauchamps, P. 17
Beaujoyeux, P. 1
Beauté, (Bal. du Triomphe de la) 64
Beauté, (vers pour le Bal. de la Reine rep. la) & ses Nymphes, 52
Beauté, (Daphnis & Cloé ou le Triomphe de la) Acte, 226
Beauté, (la Paix entre la) & la Vertu, Op. *v.* Metastasio, 234
Bellay, (du) P. 1
Bellerophon, Trag. op. 94
Bellis, P. 20
Bellone, (les nôces de) Bal. 114

TABLE

Benserade, P.	page 5
Berceau, (le) Div.	244
Berger, (Récit d'un) Bal.	45
Bergerie, (la) ent. v. Fragmens de M. de Lully,	128
Bergerie, (la) Acte, v. les Romans,	189
Bergers, (le Bal. des)	51
Bergers célestes, (Bal. des)	59
Bergers de Larisse, (les) Acte, v. Fêtes Thessalienes,	216
Bergers héroïques, (les) v. Triomphe de l'Amour,	96
Bergers, (Nymphes &) ent. v. Temple de la Paix,	103
Bernard, P.	19
Berthaud, P.	4
Bertin, M.	32
Berrolde à la Cour, Intm.	241
Besson, P.	21
Biblis, Trag. op.	183
Bienvenus, (le grand Bal. des)	69
Billebahaut, (grand Bal. de la Douairiere de)	56
Blaise, M.	38
Blamont, M.	33
Blavet, M.	39
Blegny, P.	11
Boesset, M.	28
Bohemiene, (la) Intm.	242
Bohemiens, (les) ent. v. Fragmens de M. de Lully,	128
Boismortier, M.	36
Boisrobert, P.	3
Bongoût, (le) Intm. v. Grandes Nuits de Sceaux,	138
Bonneval, P.	19
Bontems, (le retour de) Bal.	59
Bonzi, (Div. donné au Cardinal de)	94
Bordeaux, (Bal. dansé devant le Roi en la Ville de)	53
Bordier, P.	2
Borée, ent. v. Triomphe de l'Amour,	96
Borée & Orithie, Acte, v. les Saisons,	116
Bouffonnerie des Filoux, v. Bal. des Bergers célestes,	59
Boullay, (du) P.	9
Bouquets de Mademoiselle de G***,	189
Bouret, P.	17
Bourgeois, M.	32
Bourgeois-Gentilhomme, (le) Bal.	84
Bourgogne, (Div. pour Monseigneur le Duc de)	101
Bourgogne, (Fête des Dieux sur la naissance de Monseigneur le Duc de)	100
Bourgogne, (Prol. sur la Naissance de Mgr. le Duc de)	101

ALPHABETIQUE.

Bourneuf, P.	page 5
Bourſault, P.	9
Boutade, ou les Folies du Carême-prenant, Bal.	40
Bouvard, M.	31
Boyer, P.	6
Bradamante, Trag. op.	140
Braſſac, (le Chevalier de) M.	35
Bretons, ent. *v.* Temple de la Paix,	103
Brillante journée, ou Carouſel des Galans Maures,	*ibid.*
Brun, (le) P.	15
Brunet, P.	25
Bucherons, (les) ou le Médecin de Village, Bal. Pant.	226
Bucoliques, (les) Acte, *v.* Fêtes de la Paix,	214
Bureau d'Adreſſe (Remerciment du Maître du) à ceux qui danſent ſon Bal.	59
Bureau de rencontre, (Bal. du)	*ibid.*
Buri, M.	37
Buveurs, (Fête des) Acte, *v.* Plaiſirs de la Paix,	152

C

Cadmus & Hermione, Trag. op.	87
Cahos, (le Développement du) Prol. *v.* les Elémens,	163
Cahuſac, P.	23
Calenis, (Floriſtan &) Acte, *v.* Peines & Plaiſirs de l'Amour,	178
Caliſto, par Renout, Bal. op.	220
Caliſto, par Pagni, Bal. op.	226
Callirhoé, Trag. op.	147
Cambert, M.	27
Camille, P.	6
Camille, Trag. op.	156
Camp de la Place Royale, Bal.	47
Campagne, (les Délices de la) *v.* Bal. des Plaiſirs,	69
Campagne, (les Plaiſirs de la) Bal. op.	159
Campiſtron, P.	8
Campra, M.	30
Canal de Verſailles, Div.	107
Canente, Trag. op.	124
Canonier, (Vers pour un) Bal. *v.* Vers pour M. de la Trouſſe,	41
Canope, Acte, *v.* Fêtes de l'Hymen & de l'Amour,	213
Cappus, M.	34
Caprice d'Erato, Div.	178

	page
Captivité, (la douce) Bal.	49
Caractéres de l'Amour, (les) Bal. op.	193
Caractéres de la Folie, (les) Bal. op.	202
Cardenio, (les Folies de) Bal.	161
Carême (Div. du Carnaval en) Bal.	63
Carême-Prenant, (Boutade, ou les Folies de)	40
Carie, (les Peuples de) ent. v. Triomphe de l'Amour,	96
Carigni, P.	4
Cariselli, ent. v. Fragmens de M. de Lully,	128
Carlo magno, Festa Teatrale,	176
Carnaval, (le) Masc. par Benserade,	81
Carnaval, (le) Masc. par différens Auteurs,	90
Carnaval (le) dans Venise, Prol. v. Fêtes Vénitiennes,	145
Carnaval (le) de Venise, Bal. op.	122
Carnaval du Parnasse, (le) Bal. op.	225
Carnaval en Carême, (Div. du) Bal.	63
Carnaval (le) & la Folie, Com. Bal.	132
Carnaval (le) & la Galanterie, Bal. v. le Carnaval, Masc.	81
Idem, ent. v. Idem,	90
Carnaval (le) mort & ressuscité par Bacchus, v. Vers du Bal. des Mousquetaires du Roi,	62
Carousel de l'Esprit, v. Nuit Brillante,	108
Carrelier, P.	18
Cartels (Recueil des) publiés en la Place Royale, Bal.	48
Cassandre, Trag. op.	138
Cassandre, (le Bal. de)	67
Castor & Pollux, Trag. op.	191
Cathay, (le Prince de) Com. Bal.	134
Catherine femme d'Henri II. (Entrée de) à Lyon, v. la Magnificence de la Superbe, &c.	42
Entrée de la même à Rouen, v. C'est la Déduction du Somptueux, &c.	ibid.
Caton, Trag. op. v. Metastasio,	234
Cavaliers François, (Desc. du Bal. dansé par des)	50
Caumont, (le Marquis de) P.	14
Ceinture de Venus, Intm. v. Grandes Nuits de Sceaux,	138
Celime, ou le Temple de l'Indifférence, Bal. op.	249
Cephale, (l'Aurore &) Bal.	40
Cephale, (l'Aurore &) Acte, v. Amours des Déesses,	173
Cephale & Procris, Trag. op.	114
Cephise, (Acante &) ou la Sympathie, Past.	233
Cerceau, (du) P.	12
Cérémonie Turque (la) ent. v. le Carnaval, Masc.	90
Cerès, Intm. v. Grandes Nuits de Sceaux,	138

ALPHABETIQUE.

Chacun fait le Métier d'autruy, Bal.	page 74
Chambord, (le Div. de)	83
Champs Pacifiés, (le Paradis Terreftre, ou les) Bal. op.	120
Chant Paftoral fur les Nopces du Duc de Lorraine, Bal.	43
Chants de la Paix,	135
Chapelle, M.	36
Chariclée, (Théagenes &) Trag. op.	115
Chariot des Déités, (le) Bal.	64
Charles IX. (Entrevue du Roi) avec fa Mere, Bal. v. Recueil des Chofes notables, &c.	43
Charmes des Saifons, (les) Bal.	127
Charpentier, M.	28
Chaffe, (la) ent. v. Bal. des Arts,	76
Chaffe, (la) Acte, v. Plaifirs de la Campagne,	159
Chenée, (Quefnot de la) P.	15
Chenevieres, P.	25
Chercheurs de Midi à quatorze heures, Bal.	53
Cheron, P.	12
Chevalerie, (la) Acte, v. les Romans,	186
Chevalier du Phœnix, (entrée du) Bal.	47
Chevaliers Avantureux, Bal. v. Entreprife du Roi Dauphin,	43
Chevaliers de la Fidélité, (ent. des) Bal.	47
Chevaliers de la Terre-Sainte, v. Vers pour le Bal. du Roi,	52
Chevaliers de l'Univers, (ent. des) Bal.	48
Chevaliers du Lys, (ent. des) Bal.	47
Chevaliers du Soleil (ent. des) Bal.	ibid.
Chevaliers François & Bearnois, (Bal. des	45
Chevaliers (Réponfe des) aux Dames, Bal. v. Satyre des Dames,	48
Chevilli (Bal. de la Débauche des Garçons de) & des Filles de Montrouge,	57
Chimeres, (le Temple des) Div.	253
Chinois de retour, (le) Scene Lyrique,	242
Chirurgie, (la) ent. v. Bal. des Arts,	76
Chloé, (Daphnis &) Paft. op.	114
Chriftine, (Bal. à l'arrivée de la Reine)	70
Chute des Anges rebelles, (Defc. du Spectacle de la)	251
Cidippe, (Aconce &) Trag. op.	204
Cinq Sens de Nature, (Bal. des)	60
Circé, Trag. par Th. Corneille,	89
Circé, Trag. op. par Madame de Saintonges,	114
Circé, (Ulyffe &) Acte, v. Fêtes Nouvelles,	186
Claude, (Madame) fille du Roi, Bal. v. Chant Paftoral, &c.	43

Ll

TABLE

Clavis, M.	*page* 55
Cléopatre, ou les Bacchanales, Acte, *v.* Fêtes Grecques & Romaines,	166
Clerc, (le) P.	9
Clerembault, M.	37
Climene, (Apollon &) Acte, *v.* Amufemens Lyriques,	220
Cloé, (Daphnis &) ou le Triomphe de la Beauté, Acte,	226
Coalin, (Vers pour M. de) rep. un Matelot, Bal.	58
Colaffe, M.	28
Collé, P.	24
Collet, P.	25
Colletet, P.	4
Colonia, P.	10
Combat à la Barriere, Bal.	58
Comédie jouée devant la Reine, Bal.	63
Comédie Italienne, (la) Boutade,	111
Comédie (première) Françoife en Mufique,	73
Comédiens Italiens, (Vers pour le Bal. du Roi, rep. les)	62
Comus, (l'Hyver ou) Acte, *v.* l'Année Galante,	212
Concert des Dieux pour le Mariage de Monfeigneur de Lorraine,	145
Concert divifé en deux parties,	125
Concert en forme de Fêtes à la naiffance de Monfeigneur le Dauphin,	174
Conquête du Mogol, (la)	249
Conftance, (l'Amour fléchi par la) Paft.	120
Conftance couronnée, (la) Acte, *v.* l'Ecole des Amans,	203
Conftance couronnée, (Defc. du Spectacle de la)	250
Contraires, (Vers pour le Bal. des)	41
Coquette trompée, (la) Bal. op.	240
Coquette, (la Veuve) Acte, *v.* Fêtes de Thalie,	150
Corbillas, (Bal. du)	60
Coridon, Paft.	226
Corinthe, (Fêtes de) Com. Bal.	158
Corneille, (Th.) P.	7
Coronis, Paft. Héroïque,	111
Coronis, (Apollon &) Acte, *v.* Amours des Dieux,	171
Corfaire, (le Galant) Com. Bal.	158
Couleurs, (le Bal. des)	72
Cour, (l'Amour à la) Acte, *v.* Voyages de l'Amour,	189
Courbes, (de) P.	2

Courtisan, (Bal. du) page 49
Courtisan Grotesque, (Vers pour un) Bal. *v.* Vers
  pour Monseigneur le Comte d'Harcourt, 41
Coypel, P. 17
Créüse, Trag. op. 146
Criséis, Trag. op. 248
Critique des Fêtes de Thalie, Acte, *v.* Fêtes de Thalie, 150
Cupidon (Amours de) & de Psiché, Spectacle à Machines, 233
Curi, (de) P. 23
Cyrus, Trag. op. *v.* Metastasio, 234
Cyrus, (le Guerrier Amoureux, ou) Acte, *v.* Amours
  des Grands Hommes, 178
Cythere, (le Voyage de) Past. 162

D

D Albaret, P. 22
  Dames, (Satyre des) Bal. 48
Danchet, P. 12
Dancourt, P. 8
Danse, (la) ou Eglé, Acte, *v.* Fêtes d'Hebé, 195
Daphné, op. par la Fontaine, 102
Daphné, Trag. op. par Pigné, 220
Daphné, (les Amours d'Apollon & de) Bal. 67
Daphnis, ent. *v.* Temple de la Paix, 103
Daphnis & Alcimadure, Past. op. 245
Daphnis & Chloé, Past. op. 214
Daphnis & Cloé, ou le Triomphe de la Beauté, Acte, 226
Daphnis & Eglé, Past. Hér. 239
Daphnis, (l'Union d'Hébé avec Minerve, ou le jeune)
  Past. Hér. 243
Dardanus, Trag. op. 196
Darnaud, P. 21
David, M. 38
Dauphin, (Cantate sur la naissance de Monseigneur
  le) 174
Dauphin, (Concert en forme de Fêtes à la naissance
  de Monseigneur le) *ibid.*
Dauphin, (Div. au sujet de la naissance de Monseigneur
  le) *ibid.*
Dauphin, (le Parnasse, Bal. op. à l'occasion de la naissance
  de Monseigneur le) 175
Dauphin, (Past. Hér. de la Fête des Ambassadeurs d'Espagne
  à la naissance de Monseigneur le) 177

Dauphin, (Relation des Fêtes données à Rome à l'occasion de la naissance de Monseigneur le) page	175
Dauphin, (Vers du Bal. de Monseigneur le)	47
Débauche des Garçons de Chevilli & des Filles de Montrouge, (Bal. de la)	57
Débauchés, (Récit de la Volupté, qui amene des) v. Bal. de M. le Prince,	53
Déesses, (les Amours des) Bal. op.	173
Défaite de l'Envie, (la) Prol.	237
Deidamie, (Achille &) Trag. op.	187
Déités, (le Chariot des) Bal.	64
Délie, (Lilis &) Past.	240
Démetrius, Trag. op. v. Metastasio,	234
Démogorgon, (Bal. du Grand)	60
Démophon, Trag. op. v. Metastasio,	234
Démophon, (Philis &) Acte, v. Bal. de la Paix,	193
Départ du Roi, (le) id.	208
Déréglement des Passions, (Bal. du)	65
Desbrosses, P.	21
Desmarets, P.	4
Desmarets, M.	30
Desmazures, M.	39
Destin du nouveau Siécle, (le) Bal.	125
Destouches, M.	30
Destouches, (Nericault) P.	20
Deucalion & Pirrha, Bal. op.	248
Devin de Village, (le) Bal. op.	236
Devins de la Place Saint Marc, ent. v. Fêtes Vénitiennes,	143
Diane & Endimion, Acte, v. Amours des Déesses,	173
Diane & Endimion, Past. Hér. Ano.	121
Diane & Endimion, Past. Hér. par Madame de Saintonges,	127
Diane & Endimion, ent. v. Triomphe de l'Amour,	96
Diane & l'Amour, Id.	179
Diane, (Fête de) Acte, v. Fêtes Grecques & Romaines,	166
Diane, (les Nymphes de) ent. v. Triomphe de l'Amour,	96
Diane, (ent. des Nymphes de)	48
Didon, Trag. op. par Madame de Saintonges,	113
Didon, Trag. op. v. Metastasio,	234
Dieux, (Amours des) Bal. Hér.	171
Dieux, (Bal. des)	40
Dieux, (Concert des) pour le Mariage de Monseigneur	

de Lorraine, *page*	145
Dieux, [Fête des] sur la naissance de Monseigneur le Duc de Bourgogne,	100
Dieux Marins, [les] ent. *v.* Triomphe de l'Amour,	96
Dieux, [les] ou l'Amour & Psiché, Acte, *v.* l'Empire de l'Amour,	184
Dimanche Grasse, [ent. de Bacchus avec Madame] sa femme, Bal.	57
Diomede, Trag. op.	143
Discorde, [Vénus & la] ent. *v.* l'Europe Galante,	118
Disson, P.	20
Div. de Versailles, [les]	88
Div. que le Roi a donné aux Reines dans le Parc de Versailles,	78
Div. Champêtre,	96
Div. de Sceaux, Com. Bal.	136
Div. exécuté à Dijon, chez M. D. S.	181
Parodie de ce Div.	*ibid.*
Div. exécuté à Dijon, chez M. de la Briffe,	177
Div. exécuté à Dijon, en présence de S. A. S. Monseigneur le Duc,	*ibid.*
Div. pour la Fête de M. de Tavanes,	180
Div. pour la fin de la Campagne de 1745.	209
Div. pour M. le Curé de Saint Sulpice,	*ibid.*
Div. Royal, [le]	84
Div. tiré des Fêtes de l'Amour & de Bacchus,	193
Dolet, P.	4
Doris, Past.	157
Doris, [Pan &] Past. Hér.	173
Drame en musique, *v.* Metastasio,	234
Driades, [les Graces & les] ent. *v.* Triomphe de l'Amour,	96
Dryope, [Mercure &] Past.	158
Duchauffour, P.	16
Duché, P.	8
Duclos, P.	21
Dugué, M.	38
Duplessis, M.	36
Durand, P.	2
Duval, [Mademoiselle] M.	30

TABLE

E

Eau, (l') ou Leucofie, Acte, v. les Elemens, page 163
Eclipfe, (l') Intm. v. Grandes Nuits de Sceaux, 138
Ecole de Mars, (l') Div. 193
Ecole des Amans, (l' Bal. op. 203
Effets de la Nature, (le grand Bal. des) 60
Egine, Acte, v. les Fêtes de Thetis, 227
Egyptiennes, (les) Intm. v. Grandes Nuits de Sceaux, 138
Egyptiens, (les) Ent. v. le Carnaval, Mafc. 90
Eglé, (la Danfe ou) Acte, v. Fetes d'Hebé, 195
Eglé, (Daphnis &) Paft. hér. 239
Eglogue de Verfailles, (l') 82
Electre, Trag. op. 232
Elémens, (les) Bal. op. 163
Elide, (la Princeffe d') Bal. op. 172
Elide, (Div. de la Princeffe d') 78
Elide, (Intm. de la Princeffe d') 83
Emilie, (le Feu ou) Acte, v. les Elemens, 163
Empire de l'Amour, (l') Bal. hér. 184
Empreffemens du Parnaffe, (les) Bal. 77
Enchantemens de Tempé, les Acte, v. Fêtes Theffaliennes, 226
Enchantement favorable, (l') ou l'Amour généreux,
  Acte, v. les Amours de Tempé, 237
Endimion, ent. v. Triomphe de l'Amour, 96
Endimion, Paft. hér. 180
Endimion, (Diane &) Acte, v. Amours des Déeffes, 173
Endimion, (Diane &) ent. v. Triomphe de l'Amour, 96
Endimion, (Diane &) Paft. hér. ano. 121
Endimion, (Diane &) Paft. hér. par Madame de Sain-
  tonges, 127
Endimion, ou l'Amour vangé, Paft. 162
{ Enée & Lavinie, Trag. op. 111
{ Idem, avec des changemens, 251
Enfans-fans-foucy, (les) v. Bal. de l'Amour de ce tems, 53
Enfers, (les) ent. v. Arethufe, 125
Enjouée, (l') Acte, v. les Graces, 187
Envie, (la Défaite de l') Prol. 237
Epreuves, (les) Bal. hér. 159
Erato, (le caprice d') Div. 178
Erigone, Bal. op. 216
Erigone, ou le Goût, Acte, v. les Sens. 182
Erkenfort, v. Com. jouée devant la Reine, 63
Efcarbagnas, (la Comteffe d') v. Bal. des Ballets, 85

ALPHABETIQUE.

Efclaves, (Ballet des)	page 40
Efpagne, (l') ent. v. l'Europe Galante,	118
Efpagne, (Alliances de France & d') v. Récit d'un Berger,	45
Idem, v. le grand Bal de la Reine Marguerite,	48
Efpagne, (l'Union de la France & de l') Prol.	128
Idem, avec quelques changemens,	135
Efpagnols, les) ent. v. le Carnaval, Mafc.	90
Efprit, (Caroufel de l') v. Nuit Brillante,	108
Efprits Elémentaires, (les) v. la Pierre Philofophale,	98
Efther, (Chœurs de la Trag. d')	109
Efther, (le Peuple Juif délivré par) Id.	120
Eftime, (l') Acte, v. Amours déguifés,	149
Eftoile, (l') P.	3
Eté, (l') Acte, v. les Saifons,	116
Eté, (Fêtes de l') Bal. op.	154
Eté, (Jours d') Acte, v. Fêtes de l'Eté,	ibid.
Eté, (Matinées d') Acte, v. idem.	ibid.
Eté, (Nuits d') Acte, v. idem,	ibid.
Eté, (l') ou Triptoleme, Acte, v. l'Année Galante,	212
Eté, (Soirées d') Acte, v. Fêtes de l'Eté,	154
Eucharis, (l'Amour &) Bal. op.	231
Eve (Adam &) Trag. op.	237
Euridice, (Orphée &) v. Bal. des Machines,	40
Euridice, (Orphée &) Acte, v. Carnaval de Venife,	122
Europe, Trag. op.	148
Europe Galante, l') Bal. op.	118
Europe, (Jupiter &) op.	221
Euterpe, (les Fêtes d') Bal. op.	253
Extravagant, (Bal. de l')	59

F

Fable, (la) Acte, v. Fêtes de Polimnie,	206
Farinel, M.	31
Favart, P.	21
Faubert, M.	35
Faunes, (les) ent. v. Triomphe de l'Amour,	96
Fauffe indifférence, (la) Id.	179
Fauffe Suivante, (la) Intm.	238
Fée Vaporine, (la) Div. v. Fêtes données à Forges,	191
Féerie, (la) Acte, v. les Romans,	189
Féerie, la) Acte, v. Fêtes de Polimnie,	206
Fées, (le Ballet des) Bal. op.	232
Fées, (les) des forêts de Saint Germain, Bal.	56

Félibien, P.	page 7
Félicité, (la) Bal. op.	210
Félicité appaisée, (Astrée appaisée ou la) Op. v. Metastasio,	234
Félicité, (Ballet de la)	63
Félicité, (le Palais de la) Bal.	47
Femme, (la) Acte, v. Fêtes de Thalie,	150
Femme orgueilleuse, (la) Intm.	238
Fermelhuis, P.	18
Ferrand, M.	38
Fête de Diane, (la) Acte, v. Fêtes Grecques & Romaines,	166
Fête de la Seine, Div.	111
Fête de l'Hymen (la) ou l'Amour timide, Acte, v. les Amours de Tempé,	237
Fête de Philotis, (la) Acte, v. Stratagêmes de l'Amour,	169
Fête de Village, v. Fêtes données à Forges,	191
Fête des Barqueroles, ent. v. Fêtes Vénitiennes,	143
Fête des Buveurs, Acte, v. Plaisirs de la Paix,	152
Fête des Dieux sur la naissance de Monseigneur le Duc de Bourgogne,	100
Fête du Parnasse, (la)	121
Fête Marine, ent. v. Fêtes Vénitiennes,	143
Fête Marine, ent. v. Fragmens de M. de Lully,	128
Fête Spirituelle en l'honneur de la Reine,	179
Fêtes de Corinthe, Com. bal.	158
Fêtes d'Euterpe, Bal. op.	253
Fêtes de Flore & des Plaisirs, v. Génie de Panthemont,	153
Fêtes de Grenade, Bal. op.	235
Fêtes d'Hebé, ou les Talens Lyriques, Bal. op.	195
Fêtes de l'Amour & de Bacchus, Past. / Divertissement tiré desdites Fêtes,	86 / 193
Fêtes de l'Amour & de l'Hymen, Past.	158
Fêtes de l'été, Bal. op.	154
Fêtes de l'Hymen & de l'Amour, Bal. op.	213
Fêtes de la Paix, Bal. op.	214
Fêtes de Paphos, Bal. op.	252
Fêtes de Polimnie, Bal. op.	206
Fêtes de Ramire, Bal. op.	208
Fêtes de Thalie, Bal. op. / Critique desdites Fêtes, Acte, v. Fêtes de Thalie,	150 / ibid.
Fêtes de Thetis, Bal. op.	227
Fêtes données à Forges, à S. A. S. Madame la Duchesse,	191
Fêtes Galantes, Bal. op.	121
Fêtes Grecques & Romaines, Bal. op.	166

Fêtes

ALPHABETIQUE. 273

Fêtes nouvelles, Bal. op. *page* 186
Fêtes Theſſaliennes, Bal. op. 226
Fêtes Vénitiennes, Bal. op. 143
Feu, (le) ou Emilie veſtale, Acte, v. les Elémens, 163
Fidélité, (Entrée des Chevaliers de la) 47
Fiévre de Palmerin, (la) Paſt. Com. 133
Fille, (la) Acte, v. Fêtes de Thalie, 150
Filoux, (Bal. des Bergers céleſtes, & Bouffonnerie des) 59
Fleurs, (les) Acte, v. les Indes Galantes, 187
Fleurs, (l'Amour caché ſous des) Bal. Pant. 251
Fleurs enchantées, (la Guirlande ou les) Bal. op. 233
Fleury, P. 18
Flore, (Bal. Royal de) 83
Flore (Fête de) & des Plaiſirs, v. Génie de Panthemont, 153
Flore, Palais de) Bal. 109
Flore, (le Printems ou Zephire &) Acte, v. l'Année Galante, 212
Flore, (Zephire &) Acte, v. les Saiſons, 116
Flore, (Zephire &) Intm. v. Grandes Nuits de Sceaux, 138
Flore, (Zephire &) Op. 108
Foire d'Ausbourg [la] ou la France miſe à l'encan, Bal. 114
Foire Saint Germain, [Récit du Bal. de la] 49
Folie, [les caracteres de la] Bal. op. 202
Folie, [le Profeſſeur de] Div. 138
Folie, [le Triomphe de la] ent. v. Fêtes Vénitiennes, 143
Folie, (le Triomphe de la) ſur la raiſon, Prol. v. Fêtes Vénitiennes, *ibid.*
Folies de Cardenio, Bal. 161
Folies de Carême-prenant, v. Boutade, ou &c. 40
Fols, [le Bal. des] 58
Fontaine, [la] P. 8
Fontenelle, P. 9
Forêt enchantée, [la 243
Forêt ſacrée, [les Nymphes Bocageres de la] Bal. 58
Forêts de Saint Germain, [les Fées des] Bal. 56
Forges [Fêtes données à] S. A. S. Madame la Ducheſſe, 191
Foriſtan & Calenis, Acte, v. Peines & Plaiſirs de l'Amour, 178
Fortune, [Bal. de la] 70
Fortune, [les coups de l'Amour & de la] 125
Fragmens, 1711. 146
Idem, 1729. 175
Idem, 1741. 200
Idem, 1748. 218
Idem, 1750. 231
Idem, 1751. 232

TABLE

Idem, *idem*. page 233
Idem, 1754. 244
Idem, 1756. 248
Fragmens de M. de Lully, Ballet op. 128
Fragmens du Triomphe de l'Amour, 110
France, (la) ent. *v.* l'Europe Galante, 118
France, (Alliances de) & d'Espagne, *v.* récit d'un Berger, 45
Idem, *v.* le grand Bal de la Reine Marguerite, 48
France, (la) mise à l'encan, Bal. *v.* Foire d'Augsbourg, 114
France, (Bal. de la prospérité des Armes de la) 64
France, (le Triomphe de la) Bal. op. 188
{ France, (l'union de la) avec l'Espagne, Prol. 128
{ *Idem*. avec quelques changemens, 135
Francœur, M. 34
Fréderic Roi de Prusse, P. 21.
Fréderic, Trag. op. 148
Furie de Roland, (Vers pour le Bal. du Roi, rep. la) 52
Fuselier, P. 15

G

G*** (Bouquets de Mademoiselle de) 189
Galant Corsaire, (le) Com. bal. 158
Galanterie, (la) ent. *v.* le Carnaval, Masc. 90
Galanterie du tems, (la) Masc. 70
Galathée, op. 101
Gallie, op. satyrique, 112
Gardein de Villemaire, P. 24
Garel, P. 2
Garnier, M. 36
Gavaudun, P. 14
Gautier, M. 29
Genest, P. 14
Génie de Panthemont, (le) 153
Génies, (les) Bal. op. 190
Génies, (les) ou Zelindor & Ismene, Acte, *v.* l'Empire de l'Amour, 184
Génies tutelaires, (les) Div. 233
Gens de bonne chere, (les) *v.* le Carnaval, Masc. 81
Gentilhomme de campagne, (Réception faite par un) &c. Masc. 41
Gentilhommes champêtres, (Bal. des) 49
Georges-Dandin, *v.* le grand Div. de Versailles, 82
Gervais, M. 31
Gilbert, P. 7
Giraud, M. 39

ALPHABETIQUE.

Glaucus, (Scylla &) Trag. op. page	211
Gloire, (Déreglement de la paffion d'acquérir de la) v. Bal. du Déreglement des paffions,	65
Gloire, (le Temple de la) Bal. op.	207
Gnide, (le Temple de) Paſt.	198
Gnomes, (les) ou l'Amour ambitieux, Acte, v. les Génies,	190
Gnomes, (ent. de) v. ent. de Salamandres,	40
Gomez, (Madame de) P. v. Poiſſon, (Madeleine)	17
Goût, (Erigone ou le) Acte, v. les Sens,	182
Gouvernante ruſée, (la) op. burleſque,	242
Graces, (les) Bal. hér.	187
Graces, (les) & les Driades, ent. v. Triomphe de l'Amour,	96
Graces vengées, (les) op. v. Metaſtaſio,	234
Gramont, P.	3
Grandeur ſacrifiée, (la) Acte, v. l'Ecole des Amans,	203
Grandpré, P.	4
Grange Chancel, (la) P.	13
Grenet, M.	36
{ Grotefque, (le Sérieux & le) Bal.	57
{ Programme de ce Bal.	58
Grotte de Verſailles, (la) Eg.	82
Guelindon dans une caiſſe, v. Bal. des Argonautes,	49
Guerin, P.	11
Guerre, (la) ent. v. Bal. des Arts,	76
Guerre, (Mademoiſelle la) M.	30
Guerrier amoureux (le) ou Cyrus, Acte, v. Amours des grands Hommes,	178
Guerriers, (les) ent. v. Fragmens de M. de Lully,	128
Guerriers, (les) ent. v. Triomphe de l'Amour,	96
Guichard, P.	13
Guillot le Songeur, v. Vers pour M de Poyanne.	58
Guirlande, (la) ou les Fleurs enchantées, Bal. op.	233

H

Habits, (Bal. de la revente des)	75
Haine, (la) Acte, v. Amours déguiſés,	149
Harcourt, (Vers pour Mgr. le Comte d') Bal.	41
Harmonie, (le Bal de l')	59
Harmonie, (le Triomphe de l') Bal. op.	191
Hazard, (Bal. du)	40
Hébé, (Fêtes d') ou les Talens lyriques, Bal. op.	195
Hébé, (le grand Bal. d'Alcide & d')	116
Hébé, (l'union d') avec Minerve, ou le jeune Daphnis, Paſt. hér.	243
Hedelin, P.	2

M m ij

	page
Henault, (le Préfident) P.	26
Henri II. [entrée du Roi] à Lyon, v. la magnificence de la fuperbe, &c.	42
Henri II. [entrée du Roi] à Rouen, v. c'est la déduction du fompueux ordre, &c.	ibid.
Henri IV. [entrée du Roi] à Lyon,	46
Herbain, [le Chevalier d'] M.	59
Hercule amoureux, Trag.	76
Hercule, [la mort d'] Trag. op.	135
Hercule, [les travaux d'] Bal. Hér.	179
Héro, [Leandre &] Acte, v. peines & plaifirs de l'Amour,	178
Hero, [Leandre &] Acte, v. la Journée galante,	219
Hero, [Leandre &] Trag. op.	231
Heros Chinois, [le] Trag. op. v. Metaftafio,	234
Heros, [Philofophie des] v. Nuit brillante,	108
Hefione, Trag. op.	124
Hefperus [Dialogue d'] & de l'Aurore, v. Grandes Nuits de Sceaux,	138
Heudeline, M.	31
Hilas, Acte, v. Triomphe de l'Harmonie,	191
Hipolyte & Aricie, Trag. op.	184
Hippodamie, Trag. op	141
Hiftoire, [l'] Acte, v. Fêtes de Polimnie,	206
Hommes, [Amours des grands] Bal. hér.	178
Hoogftet, [Bataille de] Trag. op.	141
Hôtel-de-Ville, [Infcriptions, Figures & Mafcarades en l'] Bal.	43
Humbert, P.	4
Hymen, [la Fête de l'] ou l'Amour timide, Acte, v. les Amours de Tempé,	237
Hymen, [Fête de l'Amour & de l'] Paft.	158
Hymen [Fête de l'] & de l'Amour, Bal. op.	213
Hymen [Triomphe de l'] & de la Paix, v. Fête du Parnaffe,	121
Hymen, [le Triomphe de l'Amour & de l'] Div.	176
Hymenée, Paft. v. Œuvres Dramatiques de Zeno,	253
Hypermneftre, Trag. op. par la Font,	154
Hypermneftre, Trag. op. ano.	180
Hypermneftre, Trag. op. v. Metaftafio,	234
Hypocrate amoureux, Paft. com.	148
Hyplipille, Trag. op. v. Metaftafio,	234
Hyver, [l'] Acte, v. les Saifons,	116
Hyver [l'] ou Comus, Acte, v. l'Année Galante,	212
Hyver, [les Plaifirs de l'] Div.	178

J

Jaloux corrigé, (le) Bal. op. *page* 238
Jaloux puni, (le) ou la Serenade, Acte, v. Plaisirs de la Paix, 152
Jaloux trompé, (le) Bal. op. 180
Jante, (Iphis &) Acte, v. Bal. de la Paix, 193
Janus, (le Temple de) Prol. v. l'Année Galante, 212
Jardins, (Bal. de la Reine dansé par les Nymphes des) 56
Jason, (Medée &) Trag. op 149
Jason ou la Toison d'or, Trag. op. 116
Jay, (le Pere le) P. 13
Idille chantée à Dijon devant M. le Duc de Saint-Aignan, 200
Idille chantée à Dijon en préfence de S. A. S. Monfeigneur le Duc, 195
Idille en mufique de Saint-Evremond, 74
Idille héroïque, chantée à Dijon, 177
Idille fpirituelle fur la Naiffance de N. S. J. C. 186
Idomenée, Trag. op. 146
Jeliotte, M. 37
Jephté, Trag. op. 181
Jefus-Chrift, (Id. fpirituelle fur la Naiffance de N. S.) 186
Jefus naiffant, Paft. 204
Jeuneffe, (Bal. de la) de Dancour, 104
Jeuneffe, (Bal. de la) de Beauchamps, 157
Jeuneffe (la) & les Jeux, ent. v. Triomphe de l'Amour, 96
Jeuneffe (la) ou l'Amour ingénu, Acte, v. les Ages, 157
Jeuneffe, (les Plaifirs de la) Mafc. 41
Jeux Aëriens, (les) Acte, v. Fêtes de la Paix, 214
Jeux, (la Jeuneffe & les) ent. v. Triomphe de l'Amour, 96
Jeux Olympiques, (Alcibiade ou les) Acte, v. Fêtes Grecques & Romaines, 166
Impatience, (Bal. Royal de l') 75
Impromptu de Livri, (l') Com. bal. 136
Impromptu de Nifmes, (l') Paft. 152
Impromptu de Surefne, (l') 149
Improviftes, (Ballets des) 62
Incas du Pérou, (les) Acte, v. Indes galantes, 187
Inclination, (Bal. de l') 59
Incompatibles, (Bal. des) 70
Indes Galantes, (les) Bal. op. 187
Indes, (le Triomphe de Bacchus dans les) Mafc. 79
Indiens, (les) ent. v. Triomphe de l'Amour, 96
Indiens (Bal. des) & des Perroquets, 73

TABLE

Indifférence, (Celime, ou le Temple de l') Bal. op. *page* 249
Indifférence, (la fauſſe) Id. 179
Ingenue, (l') Acte, v. les Graces, 187
Innocens, (Abregé du Poëme latin des) 98
Innocens, (le Maſſacre des) ent. v. Abregé du Poëme latin, &c. *ibid.*
Innocent, (Bal. des Secretaires de St.) 49
Inſcriptions, Figures & Maſcarades, en l'Hôtel-de-Ville, Bal. 43
Interêt, (Déréglement de l') Bal. 65
Jodelle, P. 1
Jolivet, M. 34
Jolly, P. 15
Jonathas, Piece ſainte, v. Œuvres Dramatiques de Zeno, 253
Joſeph, Action ſacrée, v. *idem*, *ibid.*
Joueur, (le) Intm. 238
Joueurs, (les) Bal. v. le Carnaval, Maſc. 81
Joueurs, (la Serenade & les) ent. v. Fêtes Vénitiennes, 143
Journée Galante, (la) Bal. op. 229
Jours d'été, Acte, v. Fêtes de l'été, 154
Joyeuſe, (Nôces du Duc de) v. Bal. com. de la Reine, 49
Iphigénie en Tauride, Trag. op. 133
Iphis & Iante, Acte, v. Bal. de la Paix, 193
Iphiſe, Bal. op. 221
Iſaac, Trag. op. 185
Iſaac, (le Sacrifice d') Trag. op. 248
Isbé, Trag. op. 200
Iſis, Trag. op. 92
Iſle deſerte, (l') Op. v. Metaſtaſio, 234
Iſle enchantée, (les Plaiſirs de l') Bal. 78
Iſle-Louvier, (Vers du Bal. de l') 62
Iſmene, Bal. op. 214
Iſmene, (les Génies ou Zelindor &) Acte, v. l'Empire de l'Amour, 184
Iſſé, Paſt. hér. 119
Italie, (l') ent. v. l'Europe Galante, 118
Italiens, (les) ent. v. le Carnaval, Maſc. 90
Jugement de Paris, Paſt. hér. 157
Jugement du Soleil, Div. 108
Junon la Nopciere, (le grand Bal. de la Reine, ou les Fêtes de) 55
Jupiter (Amours de) & de Semelé, Bal. 9
Jupiter & Europe, Op. 221
Jupiter & Niobé, Acte, v. Amours des Dieux, 171
Jupiter, (la naiſſance de) Op. v. Metaſtaſio, 234

ALPHABETIQUE.

Jupiter vainqueur des Titans, Trag. op. page 208
Ixion, (l'Air ou) Acte, v. les Elémens, 163

L

L***, P. 20
L..A..P. 24
Labarre, M. 31
Labruere, P. 19
Lacombe, M. 35
Lacoste, M. 30
Lafont, P. 15
Lagarde, M. 38
Lalande, M. 28
Lamarre, P. 20
Landi, (le Bal. du) 57
Lanoue, P. 22
Lapithes, (les) Acte, v. Fêtes Thessaliennes, 226
Larisse, (les Bergers de) Acte, v. idem, ibid.
Laroque, P. 15
{ Lavinie, (Enée &) Trag. op. 111
{ Le même, avec des changemens, 251
Laujon, P. 22
Launay, P. ibid.
Lavocat, M. 32
Leandre & Hero, Trag. op. 231
Leandre & Hero, Acte, v. Peines & Plaisirs de l'Amour, 178
Leandre & Hero, ou la Nuit, Acte, v. la Journée Galante, 229
Leclerc, M. 37
Lefranc, P. 19
Leon, (Dom Pedro de) v. Com. jouée devant la Reine, 63
Lesbine, (Don Micco &) Intm. 176
Leucosie, (l'Eau ou) Acte, v. les Elémens, 163
Leucothoé, ou l'Odorat, Acte, v. les Sens, 182
Libraire du Pont-Neuf, (le) ou les Romans, Bal. 40
Linus, Acte, v. l'Empire de l'Amour, 184
Linus, (Melpomene &) Acte, v. Amours des Déesses, 173
Lisis & Delie, Past. 240
Livri, [l'Impromptu de] Com. Bal. 136
Lorenzani, M. 29
Lorraine, [Concert des Dieux pour le Mariage de Monseigneur le Prince de] 145
Lorraine, [Entreprise de M. de] aux Dames, Bal. 43
Lorraine, [Nôces du Duc de] Bal. v. Chant Pastoral, sur, &c. ibid.

Louis XIII. [Entrée de] à Lyon, v. le Soleil au signe
   du Lyon, *page* 54
Louis XIII. [Réception de] à Lyon, Bal. 55
Louvart, P. 7
Louvier, [Vers du Bal. de l'Isle] 62
Lulli, [Jean-Baptiste] M. 27
Lulli, [Jean] fils, M. *ibid.*
Lulli, [Louis] autre fils, M. 29
Lulli, [Fragmens de M. de] Bal. op. 128
Lyon, [l'Autel de] consacré à Louis Auguste, Bal. 73
Lyon, [Entrée de la Cité de] au Roi Henri II. Bal. 42
Lyon, [Entrée d'Henri IV. à] Bal. 46
Lyon, [Entrée de Marie de Medicis à] Bal. *ibid.*
Lyon, [le Soleil au signe du] Bal. 54
Lyre enchantée, [la] Acte, v. les Surprises de l'Amour, 218
Lys, [Entrée des Chevaliers du] Bal. 47

M

M***, P. 23
M. de B. P. 10
Machines, [Bal. des] 40
Macort, P. 16
Madame, [Bal. rep. à la venue de] à Tours, 45
Madame, [Desc. du Bal. de] 50
Madame, [Exp. du Bal. de] v. Oracles François, *ibid.*
Madame, [Parallèles de] avec la Minerve des Anciens,
   v. Idem. *ibid.*
Magicien, [le Roi consulte un] Intm. v. Grandes Nuits
   de Sceaux, 138
Magiciens, [Bal. des deux] 62
Maguelonne, [Bal. du Mariage de Pierre de Provence
   & de la belle] 62
Mail de l'Arsenal, [Vers du Bal. du] 63
Maitre de Musique, [le] Intm. 238
Maitres à Danser, [les] Bal. v. le Carnaval, Masc. 81
Malade Imaginaire, [le] Com. Bal. 87
Maladie du Roi, [la] Part. 104
Malezieu, P. 13
Malezieu, [Relation de la Fête donnée à Madame la
   Duchesse du Maine, par M. de] 131
Malherbe, P. 1
Mallet, M. 33
Mandajors, P. 16
Manto-la-Fée, Trag. op. 145
                                                    Marais,

ALPHABETIQUE.

Marais, M.	page 29
Marc, [les Devins de la Place Saint] ent. *v.* Fêtes Vénitiennes,	143
Marchand, M.	32
Marguerite, [Bal de la Reine] Bal.	48
Mariage forcé, [le] Bal.	77
Marie de Medicis, [Entrée de] à Lyon, Bal.	46
Marine, [Bal. de la]	61
Marlet, M.	37
Marly, [les Bergers de] Paſt.	107
Marmontel, P.	23
Mars, [Alliance de Minerve & de] Div.	209
Mars, [l'Ecole de] Div.	193
Mars & Vénus, ent. *v.* Triomphe de l'Amour,	96
Mars [les Amours de] & de Vénus, Bal. op.	147
Marthefie, Trag. op.	123
Martin, M.	38
Martin, [Bal. des Demandeurs de Vin de Saint]	65
Maſcarade, [la] ent. *v.* le Carnaval, Maſc.	90
Maſcarade en forme de Ballet,	67
Maſques ridicules, [les] ent. *v.* le Carnaval, Maſc.	81
Maſques férieux & magnifiques, [les] ent. *v. Idem.*	*ibid.*
Maſſip, P.	19
Matelot, [Vers pour M. de Coalin, rep. un]	58
Matelot, [Vers pour un] *v.* Vers pour M. de la Trouſſe,	41
Mathieu, M.	37
Matho, M.	32
Matin, [depuis trois heures du] juſqu'au lever du Soleil, Bal.	68
Matin, [la Toilette de Vénus, ou le] Acte, *v.* la Journée Galante,	229
Matinées d'Eté, Acte, *v.* Fêtes de l'Eté,	154
Matrones, [Bal. des]	49
Matrones, [vrai récit du Bal. des]	*ibid.*
Maures, [brillante Journée ou Carouſel des Galans]	103
Maures, [la galante & magnifique adreſſe des Chevaliers]	104
Mazarin, [Bal. ridicule des Niéces de]	66
Mazarin, [Branle de ſortie du Cardinal] Bal.	*ibid.*
Mazarin, Crieur d'Oubli, Bal.	*ibid.*
Mazarin, [la grande Niéce de] Maquerelle, Bal.	*ibid.*
Mazarin, [la petite Niéce de] Garce, Bal.	*ibid.*
Mazarin, [les deux Niéces de] Danſeuſes de Corde, Bal.	*ibid.*
Mazarin, Vendeur de Baume, Bal.	*ibid.*

Mazarinique, [Bal. dansé par le Trio] ibid.
Mechlyenes, [le Bal. des] 52
Médecin de Village, [les Bucherons, ou le] Bal. Pant. 226
Médecin ignorant, [Tracollo] Intm. 242
Médée, Trag. op. 113
Médée & Jason, Trag. op. 149
Médicis, [Entrée de Marie de] à Lyon, Bal. 46
Médus, Trag. op. 128
Méduse, Trag. op. 117
Mélancolique, [la] Acte, *v.* les Graces, 187
Méleagre, Trag. op. par Bourfault, 115
Méleagre, Trag. op. par Jolli, 142
Méleagre, ou la Trag. ent. *v.* les Muses, 132
Mélicerte, [Intm. pour la Com. de Mirtil &] 121
Mélophilettes, [le Triomphe des] Id. 169
Melpomene & Linus, Acte, *v.* Amours des Déesses, 173
Mélusine, Trag. op. 148
Mémoire, [le Temple de] Prol. *v.* Fêtes de Polimnie, 206
Meneffon, P. 15
Mer, [la] ent. *v.* Arethuse, 125
Mercure & Driope, Past. 158
Merlaison, [Bal. de la] 62
Merope, Trag. op. par le Roi de Prusse, 210
Merope, Trag. op. *v.* Œuvres Dramatiques de Zeno, 253
Metastasio, P. 23
Metastasio, [Œuvres de] 234
Métempsycose, [les Ames réunies, ou la] Bal. op. 212
Mico [Don] & Lesbine, Intm. 176
Midi à quatorze heures, [les Chercheurs de] Bal 53
Mignonette, Com. Bal. 228
Mincide, [l'Automne ou la] Acte, *v.* l'Année Galante, 212
Minerve, [l'Alliance de] & de Mars, Div. 209
Minerve des Anciens, [Parallèles de Madame, avec la]
  Bal. *v.* Oracles François, 50
Minerve, [l'Union d'Hébé avec] ou le jeune Daphnis,
  Past. Hér. 243
Minuit, [depuis] jusqu'à trois heures du matin, Bal. 68
Mion, M. 36
Mirtil & Aglaé, Acte, *v.* Fêtes de la Paix, 214
Mirtil & Melicerte, [Intm. pour la Com. de] 121
Misere, [Bal. de la Vallée de] 61
Mithridate, Trag. op. *v.* Œuvres Dram. de Zeno, 253
Mogol, [la Conquête du] 249
Moliere, P. 6
Momus amoureux, Acte, *v.* Zaide, 196

ALPHABETIQUE. 283

Momus, (Amours de) Bal. op. *page* 115
Momus (Apollon &) Intm. *v.* Grandes Nuits de Sceaux) 138
Monarchies Chrétiennes, (Sujet du Bal. des quatre) 61
Monde renversé, (Bal. du) 56
{ Mondonville, P. 25
{ Le même, M. 37
Monsieur, (le grand Bal. de) 63
Monsieur, (Vers du Bal. de) 56
Montcrif, P. 18
Montdorge, P. 20
Monteclair, M. 33
Montrouge, (Bal. de la débauche des Garçons de Chevilli & des Filles de) 57
Morand, P. 18
More, (Vers pour un) *v.* Vers pour M. de la Trousse, 41
Moreau, M. 29
Morel, M. 37
Mort d'Hercule, Trag. op. 135
Mortels, (les) ou Ariane & Thesée, Acte, *v.* l'Empire de l'Amour, 184
Motte, (la) P. 10
Mouret, M. 33
Mousquetaires du Roi, (Vers du Bal. des) 62
Moyens de parvenir, (les vrais) Bal. 41
Muses, (les) Bal. op. 132
Muses, (Apollon & les) Intm. *v.* Grandes Nuits de Sceaux, 138
Muses, (Bal. des) 80
Muses (les) rassemblées par l'Amour, Id. 168
Musique, (la) ou Amphion, ent. *v.* Triomphe des Arts, 123
Musique, (la) ou Tirtée, Acte, *v.* Fêtes d'Hébé, 195
Musique, (le Maître de) Intm. 238
Mystere, (le) Intm. *v.* Grandes Nuits de Sceaux, 138

N

NAis, op. 125
Naissance de Jupiter, op. *v.* Metastasio, 234
Naissance de Vénus, (Bal. Royal de la) 79
Narcisse, Bal. op. 232
Narcisse, (l'Oiseleuse & Don) Intm. 249
Nature, (Bal. des cinq sens de) 60
Nature, (le grand Bal. des effets de la) *ibid.*
Navarre, (la Princesse de) Intm. 204

TABLE

	page
Naufrage heureux, (le Bal. du)	56
Navigation, (la) Bal. v. Bal. des Arts,	76
Nayades, (les) ent. v. Triomphe de l'Amour,	96
Neptune & Amimome, Acte, v. Amours des Dieux,	176
Neptune, (Amphitrite &) ent. v. Triomphe de l'Amour,	91
Niel, M.	36
Niobé, (Jupiter &) Acte, v. Amours des Dieux,	176
Nismes, (l'impromptu de) Past.	151
Nitetis, Trag. op.	192
Nitocris, Trag. op. v. Œuvres Dram. de Zeno,	258
Nivernois, (le Duc de) M.	33
Nôces de Bellone, Bal.	119
Nôces de Village, Masc.	74
Noisi, (le Prince de) Bal. Hér.	227
Normant, (Div. pour la Fête de Madame le)	254
Nuit, (Bal. Royal de la)	61
Nuit brillante, ou le Carousel de l'Esprit,	108
Nuit, (Leandre & Hero, ou la) v. la Journée Galante,	228
Nuits d'Eté, Acte, v. Fêtes de l'Eté,	159
Nuits de Sceaux, (les Grandes)	134
Nymphe de Seine, (la) Bal.	48
Nymphes Bocageres (les) de la Forêt Sacrée, Bal.	59
Nymphes de Diane, (ent. des) Bal.	48
Nymphes des Jardins, (Bal. de la Reine, dansé par les)	58
Nymphes & Bergers, ent. v. Temple de la Paix,	106
Nymphes, (les) ou l'Amour Indiscret, Acte, v. les Graces,	1903

O

Observatoire, (Messieurs de l') venant consulter M. de Malezieu, Intm., v. Grandes Nuits de Sceaux,	138
Odorat, (Leucothoé ou l') Acte, v. les Sens,	182
Oiseleuse, (l') & Don Narcisse, Intm.	249
Olimpiade, (l') Op. v. Metastasio,	234
Omphale, Trag. op.	126
Ondins, (ent. d', v. ent. de Salamandres,	40
Opera, (l') ent. v. Fêtes Vénitiennes,	143
Opera perdu, (Rodope ou l') Poëme lyrique,	158
Le même,	192
Opérateur Chinois, (l') Bal. pant.	220
Oracle, (Bal. de l') de la Sybille de Panzoust,	64
Oracles françois, (les) Bal.	50
Orfévrerie, (l') Bal. v. Bal. des Arts,	76
Orion, Trag. op.	171
Orithie, ent. v. Triomphe de l'Amour,	96

ALPHABETIQUE.

Orithie, (Borée &) Acte, v. les Saisons, *page*	116
Oronthée, Trag. op.	108
Orphée, Trag. com. op. ano.	65
Orphée, Trag. op. par du Boullay,	110
Orphée, Acte, v. Triomphe de l'Harmonie,	191
Orphée & Euridice, v. Bal. des Machines,	40
Orphée & Euridice, Acte, v. Carnaval de Venise,	122
Osiris, Acte, v. les Fêtes de l'Hymen & de l'Amour,	213
Oüie, (les Sirenes ou l') Acte, v. les Sens,	182
Ours, (Bal. des Singes & des)	73
Ouvrage en musique sur la campagne du Roi, 1678.	94
Ouvrage en vers divisé en Scènes,	162

P.

Pagni, le fils, P.	25
Paix, (la) Id.	192
Paix, (le Bal. de la)	193
Paix, (les chants de la)	135
Paix, (la) entre la Beauté & la Vertu, Op. v. Metastasio,	234
Paix, (les Fêtes de la) Bal. op.	214
Paix, (Idille sur la) Div.	104
Paix, (les Plaisirs de la) Bal. op.	152
Paix, (Préludes de la) Bal. op.	120
Paix, (Temple de la) Bal.	103
Paix, (Triomphe de l'Hymen & de la) v. Fêtes du Parnasse,	121
Palais de Flore, Bal.	109
Palais de la Félicité, Bal.	47
Palais d'Urgande, (le) Intm. v. Grandes Nuits de Sceaux,	138
Palladium sauvé, (le) Op. v. Metastasio,	234
Palmerin, (la fiévre de) Past. com.	133
Pan, ent. v. Triomphe de l'Amour,	96
Pan & Doris, Past. hér.	173
Pandore, (Description du Spectacle de)	195
Pantagruelistes, (Vers du Bal. des)	41
Panthemont, (le genie de) Div.	153
Panzoust, (Bal. de la Sybille de) de Rabelais,	40
Panzoust, (Bal. de l'Oracle de la Sybille de)	64
Paphos, (les Fêtes de) Bal. op.	252
Papirius, Trag. op. v. Œuvres Dram. de Zeno,	253
Paradis terrestre, (le) ou les champs pacifiés, Bal. op.	120
Paris, (Bal. des rues de)	40
Paris F*****, (l'art de F*****, ou) Bal.	198
Paris, (le Jugement de) Past. hér.	157
Parnasse, (le) Bal. op.	175
Parnasse, (le) accusé & défendu, op. v. Metastasio,	234

TABLE

Parnasse, (le Carnaval du) Bal. op.	page 225
Parnasse, (les empressemens du) Bal.	77
Parnasse, (la Fête du)	121
Parnasse, (la reconnoissance du)	197
Parnasse Royal, (le) Bal. v. Oracles françois,	50
Paroles de musique pour le concert de la Reine,	81
Parque vaincue, (la) Div.	246
Partisans, (les) Arracheurs de dents, Bal.	66
Partisans, (les) Leveurs de manteaux, Bal.	ibid.
Parvenir, (les vrais moyens de) Bal.	41
Passerat, P.	10
Passions, (Bal. du Déréglement des)	65
Pasteurs, (le Prince des) Id.	181
Pastorale, (la) ent. v. les Muses,	132
Past. comique de Moliere, v. Bal. des Muses,	80
Past. héroïque de la Fête des Ambassadeurs d'Espagne,	177
Past. pour M. le Curé de S. Sulpice,	209
Pazza, (Baletti d'inventione nella finta)	73
P. B. S. D. V. P.	2
Pêche, (la) Acte, v. Plaisirs de la campagne,	159
Pêcheur, (Vers pour un) Bal. v. Vers pour M. de la Trousse,	41
Pédant, (le) Bal. pant.	215
Peines & Plaisirs de l'Amour, Past. par Gilbert,	86
Peines & Plaisirs de l'Amour, Bal. hér. par Morand,	178
Peinture, (la) Bal. v. Bal. des Arts,	76
Peinture, (la) ou Apelle, ent. v. Triomphe des Arts,	123
Pelée, (Thetis &) Trag. op.	109
Pelée (les nôces de) & de Thetis, Com. op.	69
Pellegrin, (l'Abbé) P.	16
Penelope, (Ulysse &) Acte, v. Peines & Plaisirs de l'Amour,	178
Peris, (la Reine des) Com. op.	168
Pérou, (les Incas du) Acte, v. Indes Galantes,	187
Perrin, (Pierre) P.	5
Perrin, Chevalier de S. Louis, P.	17
Perroquets, (Bal. des Indiens & des)	73
Persée, Trag. op.	59
Persée françois, (ent. du) Bal.	47
Pesselier, P.	23
Petrarque, (le Sçavant amoureux ou) Acte, v. Amours des grands Hommes,	178
Phaëton, Trag. op.	100
Philemon & Baucis, Acte, v. Bal. de la Paix,	193
Philidor, M.	24

ALPHABETIQUE. 287

Philipe-Emanuel, (Baptême de) Prince de Piémont, Bal.	44
Philis & Demophon, Acte, v. Bal. de la Paix,	193
Philomele, Trag. op.	136
Philofophie des Héros, v. Nuit brillante,	108
Philotis, (la Fête de) Acte, v. Stratagêmes de l'Amour,	169
Phœnix (ent. du Chevalier du) Bal.	47
Pic, P.	10
Pierre de Provence, (Bal. du Mariage de) & de la belle Maguelonne,	62
Pierre philofophale, (la)	98
Pigmalion, (la Scuplture ou) ent. v. Triomphe des Arts,	123
Le même remis en mufique,	217
Pigmées, (Trag. com.	92
Pigné, P.	23
Pipée, (la) Intm.	242
Pirame & Thisbé, Trag. op.	170
Pirithoüs, Trag. op.	166
Pirrha, (Deucalion &) Bal op.	248
Pirrhus, Trag. op.	178
Pirrhus, (Polixene &) Trag. op.	138
Place Royale, (Camp de la) Bal.	47
Place Royale, (Recueil des Cartels publiés en la) Bal.	48
Place S. Marc, (les Devins de la) ent. v. Fêtes Vénitiennes,	143
Plaifirs, (Bal. des)	69
Plaifirs, (les) Bal. v. le Carnaval, Mafc.	81
Plaifirs, (les) ent. v. Triomphe de l'Amour,	96
Plaifirs de la campagne, (les) Bal. op.	159
Plaifirs de l'hyver, (les) Div.	178
Plaifirs de la Jeuneffe (les) Mafc.	41
Plaifirs de la Paix, (les) Bal. op.	152
Plaifirs de l'Ifle enchantée, (les) Bal.	78
Plaifirs, (Fêtes de Flore & des) v. Génie de Panthemont,	153
Plaifirs, (les Peines & les) de l'Amour, Bal. hér.	178
Plaifirs, (le retour de l'Amour & des) Bal. op.	226
Plaifirs troublés, (les) Mafc.	72
Platée, Bal. op.	205
Poëfie, (la) ou Sapho, Acte, v. Fêtes d'Hebé,	195
Poëfie, (la) ou Sapho, ent. v. Triomphe des Arts,	123
Poëtes, (les) Com. bal. v. Bal. des Mufes,	80
Poiffon, (Madelaine, P.	17
Polidore, Trag. op.	160
Polimnie, (les Fêtes de) Bal. op.	206
Polixene, (Achille &) Trag. op.	107
Polixene & Pirrhus, Trag. op.	138

Pollux, (Castor &) Trag. op. *page* 191
Pomone, Past. 85
Pomone, (Vertumne &) Acte, *v.* les Saisons, 116
Pomone, (la Terre ou Vertumne &) Acte, *v.* les Elémens, 163
Pomone, (Vertumne &) Intm. *v.* Grandes Nuits de Sceaux, 138
Ponchelez, M. 33
Pont-Neuf, (le Libraire du) ou les Romans, Bal. 40
Portmahon, [la prise du] 249
Postures, [Bal. des] 40
Pourceaugnac, *v.* Div. de Chambord, 83
Pourceaugnac, ent. *v.* le Carnaval, Masc. 90
Pourceaugnac, Div. com. 162
Pouvoir de l'Amour, [le] Bal. op. 204
Poyanne, [Vers pour M. de] rep. un Rouge & Bontems, Bal. 58
Préludes de la Paix, Bal. 120
Priape, op. 115
Prince, [Bal. de M. le] 1610. 53
Prince, [Bal de Monseigneur le] 1611. 54
Prince de Noisi, [le] Bal. hér. 224
Prince des Pasteurs, [le] Id. 181
Printems, [le] Acte, *v.* les Saisons, 116
Printems, [les Amours du] Bal. op. 192
Printems, [le] ou Zephire & Flore, Acte, *v.* l'Année Galante, 212
Printems, [le retour du] Eg. 127
Printems, [le retour du] Bal. hér. 237
Prise du Portmahon, [la] 249
Professeur de Folie, [le] Div. 138
Prol. en l'honneur de S. A. S. Madame la Duchesse, 179
Prol. sur la Naissance de Mgr le Duc de Bourgogne, 201
Proserpine, Trag. op. 95
Prospérité, [Bal. de la] des armes de la France, 64
Protée, [les Amours de] Bal. op. 160
Protesilas, ou le Toucher, Acte, *v.* les Sens, 182
Provençale, [la] Acte, *v.* Fêtes de Thalie, 150
Proverbes [Bal. des] à onze entrées, 68
Proverbes [Bal. des] à dix-neuf entrées, 79
Psiché, Trag. com. bal. 84
Psiché, Trag. op. 93
Psiché, [Bal. de] 1656. 70
Psiché, [l'Amour &] Acte, *v.* Fêtes de Paphos, 252
Psiché, [Amours de Cupidon & de] Spectacle à machines, 233

Psiché

Pſiché, [Bal de la Reine tiré de la Fable de] 53
Pſiché, [les Dieux ou l'Amour &] Acte, *v.* l'Empire de
l'Amour, 184

Q

Queſnot de la Chenée, P. 15
Quichotte (Dom) chez la Ducheſſe, Bal. 201
Quinault, P. 7
Quinault, M. 35
Quolibets, (le Bal. des) 57

R

Rabelais, (Bal. de la Sibille de Panzouſt de) 40
Racine, P. 8
Racine, (Tournoy du Chevalier de la) Bal. 44
{ Ragonde, Bal. op. *v.* les Grandes Nuits de Sceaux, 138
{ La même avec des changemens. 199
Raillerie, (Bal. de la) 73
Raiſon, (Triomphe de la Folie ſur la) Prol. *v.* Fêtes Vé-
nitiennes, 143
Rambouillet, (l'Id. de) 188
Rameau, M. 35
Ramire, (les Fêtes de) Bal. op. 208
R. D. Y. P. 6
Rebel, pere, M. 32
Rebel, fils, M. 34
Réception faite par un Gentilhomme de campagne, &c.
Maſc. 41
Réciproque, (le) Div. 150
Récits mêlés de muſique, 184
Reconnoiſſance, (la) Div. 209
Reconnoiſſance du Parnaſſe, (la) 197
Regnard, P. 11
Regulus, Trag. op. *v.* Metaſtaſio, 234
Reine, (Bal. com. de la) *in*-4°. 44
Idem, in-8°. 49
Reine des Peris, (la) Com. op. 168
Réjouiſſance, (Vers du Bal. de la) 41
Réjouiſſances, (Bal. des) 64
Renaiſſance des Arts, (la) Bal. op. 237
Renaud, (Avantures de) & d'Armide, Bal. *v.* Cheva-
liers de la Terre-Sainte, 52
Renaud, (la délivrance de) *v.* Bal. danſé par le Roi, *ibid.*
Renaud, ou la ſuite d'Armide, Trag. op. 165
Rencontre, (Bal. du Bureau de) 59

Renout, P.	page 23
Retour d'Aſtrée, (le) Prol. v. les ſurpriſes de l'Amour,	218
Retour de Bontemps, (le) Bal.	59
Retour de l'Amour au Village, Acte, v. Voyages de l'Amour,	189
Retour de l'Amour & des Plaiſirs, Bal. op.	226
Retour de Zephire, Div.	172
Retour du Printems, Bal. hér.	237
Retour du Roi, Div. 1744.	203
Retour du Roi, Div. 1745.	209
Revente des habits, (Bal. de la)	75
Rheims, (paroles du Concert de)	195
Robinette dans une gaine, v. Bal. des Argonautes,	49
Rodope, ou l'Opera perdu, Poëme lyrique,	158
Le même,	192
Rohan, (Bal. de Madame de)	45
Roland, Trag. op.	102
Roland, (Vers pour le Bal. du Roi, rep. la furie de)	52
Romains, (entrée des illuſtres) Bal.	48
Roman merveilleux, (le) Acte, v. les Romans,	189
Romans, (les) Bal. v. le Libraire du Pont-Neuf,	40
Romans, (les) Bal. op.	189
Rome, (Relation des Fetes données à)	175
Ronſard, P.	1
Rouen, (Spectacles de) Bal.	42
Rouge & Bontemps, v. Vers pour M. de Poyanne,	58
Rouſſeau, P.	11
Rouſſeau de Geneve, P.	24
Le même, M.	39
Roy, P.	14
Roy, (Bal. danſé par le)	52
Roy, (Bal. du)	61
Roy-Dauphin, (entrepriſe du) Bal.	43
Roy, (le départ du) Id.	208
Roy, (la maladie du) Paſt.	204
Roy Pêcheur, (le) ou Abdolomine, Trag. op. v. Metaſtaſio,	234
Roy, (le retour du) Div. 1744.	203
Roy, (le retour du) Div. 1745.	209
Roy, (ſujet du Bal. du)	54
Roy, (Vers du Bal. du)	41
Roy, (Vers ſur le ſujet du Bal. du)	58
Royer, M.	35
Roys (les Trois) avertis par l'Etoile, v. Abregé du Poëme latin des Innocens,	98
Rues de Paris, (Bal. des)	40

ALPHABETIQUE.

S

Sablieres, P.	8
Sacrifice d'Isaac, Trag. op.	248
Sage amoureux (le) ou Solon, Acte, v. Amours des grands Hommes,	178
Saint-Evremont, P.	6
Saint-Foix, P.	25
Saint-Germain, (les Fées des Forêts de) Bal.	56
Saint-Germain, (Récit du Bal. de la Foire)	49
Saint-Gilles, P.	13
Saint-Jean, P.	10
Saint-Jorri, P.	18
Saint-Mard, P.	21
Saintonge, (Madame de) P.	12
Saintphalier, (Mademoiselle de) P.	24
Saisons, (les) Bal. op.	116
Saisons, (Bal. des)	75
Saisons, (les charmes des) Bal.	127
Saisons, (les quatre) v. Div. pour la fin de la Campagne de 1745.	209
Salamandres, (ent. des) v. ent. de Sylphes, Gnomes & Ondins, Bal.	40
Salamandres, (les) ou l'Amour violent, Acte, v. les Génies,	190
Salomon, M.	33
Saltimbanque, (l'Amour) Intm. v. Fêtes Vénitiennes,	143
Sapho, (la Poësie ou) Acte, v. Fêtes d'Hebé,	195
Sapho, (la Poësie ou) ent. v. Triomphe des Arts,	123
Saturnales, (Tibulle ou les) Acte, v. Fêtes Grecques & Romaines,	166
Satyres des Dames, Bal.	48
Satyre, (la) ent. v. les Muses,	132
Savoye, (Nôces de S. A. R. de) Bal. v. empressemens du Parnasse,	77
Sauvages, (les) Acte, v. Indes galantes,	187
Sauvages Amériquains, ent. v. Temple de la Paix,	103
Sauveur, (la Naissance du) ent. v. abregé du Poëme latin des Innocens,	98
Scamandre, (le fleuve) Acte, v. les Stratagêmes de l'Amour,	169
Scanderberg, Trag. op.	188
Sçavant Amoureux, (le) ou Petrarque, Acte, v. Amour des grands Hommes,	178
Sceaux, (Div. de) Com. bal.	136

O o ij

TABLE

Sceaux, (les Grandes Nuits de) *page*	138
Scipion, (le Songe de) Op. v. Metaftafio,	234
Scithie, (Cartels des Princes de) Bal.	40
Sculpture, (la) ou Pigmalion, v. Triomphe des Arts,	123
Scylla, Trag. op. par Tribolet,	122
Scylla, Trag. op. par Duché,	126
Scylla & Glaucus, Trag. op.	211
Sécretaires de Saint Innocent, (Bal. des)	49
Segrais, P.	8
Seine, (Fête de la) Div.	111
Seine, (la Nymphe de) Bal.	49
Seine, (les Habitans des rives de la) v. Bal. du Roi,	61
Semelé, Trag. op. par la Motte,	142
Semelé, Trag. op. par le Brun,	148
Semelé, (Amours de Jupiter & de) Bal.	79
Semiramis, Trag. op.	158
Semiramis reconnue, Trag. op. v. Metaftafio,	234
Sens, (les) Bal. op.	182
Serenade, (la) ent. v. le Carnaval, Mafc.	90
Serenade, (la) & les Joueurs, ent. v. Fêtes Vénitiennes,	143
Serenade, (la) ou le Jaloux puni, Acte, v. Plaifirs de la Paix,	152
Serenade pour de nouveaux Mariés, ent. v. le Carnaval,	90
Serenade Vénitienne, (la) ent. v. Fragmens de M. de Lully,	128
Sérieux, (le) & le Grotefque, Bal.	57
Le même,	58
Serpilla e Bajocco, Intm.	176
Serre, (la) P.	14
Servandoni,	20
Sibarites, (les) Bal. op.	240
Sicilien, (le) Com. bal. v. Bal. des Mufes,	80
Siecle, (le Deftin du nouveau) Bal.	125
Sigognes, P.	4
Silene & Tircis, ent. v. le Carnaval,	90
Silphe, (le) v. Zelindor,	205
Silphes (les) ou l'Amour léger, Acte, v. les Génies,	190
Silphes, (ent. de) v. ent. de Salamandres,	40
Silvandre & Themire, Paft.	221
Simpathie, (Acante & Cephife, ou la) Paft.	233
Singes, (Bal. des) & des Ours,	73
Singes, (récit du Bal. des)	49
Sirenes, (les) ou l'ouie, Acte, v. les Sens,	182
Siroès, Trag. op. v. Metaftafio,	234
Soir, (le) jufqu'à minuit, Bal.	68

ALPHABETIQUE.

Soirées d'été, Acte, v. Fêtes de l'été,	page 154
Soleil, (le) au signe du Lion, Bal.	54
Soleil, (Bal. du)	ibid.
Soleil couchant, (le) Bal.	68
Soleil, (depuis trois heures du matin jusqu'au lever du) Bal.	ibid.
Soleil, (ent. des Chevaliers du) Bal.	47
Soleil, (grand Bal. de la Reine, rep. le)	54
Soleil, (Jugement du) Div.	108
Soleil, (le repos du) Div.	125
Soleil, (sujet des Amours du)	85
Solon, (le Sage amoureux ou) Acte, v. Amours des grands Hommes,	178
Sommeil, (le) chassé du Château, intm. v. grandes Nuits de Sceaux,	138
Songe de Scipion, (le) Op. v. Metastasio,	234
Songes, (les) ent. v. Triomphe de l'Amour,	96
Stratagêmes de l'Amour, (les) Bal. op.	169
Suivante, (la fausse) Intm.	238
Sulpice, (Div. pour M. le Curé de Saint)	209
Past. pour le même,	ibid.
Suppléeurs, (Bal. des)	49
Suresne, (l'Impromptu de)	149
Surprises de l'Amour, (les) Bal. op.	218
Sybille, (la) Acte, v. Fêtes d'Euterpe,	253
Sybille de Panzoust, (Bal. de l'Oracle de la)	64
Sibille de Panzoust de Rabelais, (Bal. de la)	40
Sybilles, (le Bal. des)	51
Sylvanire, ou les Amans réunis, Past. hér.	155
Sylvie, Bal. op.	223

T

Alens lyriques, (les) v. Fêtes d'Hebé,	195
Tancrede, Trag. op.	130
Tancrede, (Relation du grand Bal. du Roi, sur l'advanture de)	53
Vers pour ledit Bal.	52
Tanevot, P.	25
Tarsis & Zelie, Trag. op.	172
Telegone, Trag. op.	169
Telemaque, Trag. op. par Danchet,	134
Telemaque, Trag. op. par Pellegrin,	151
Telephe, Trag. op.	150
Tempé, (les Amours de) Bal. op.	237
Tempé, (les enchantemens de) Acte, v. Fêtes Thessaliennes,	226

Temple de Gnide, (le) Paſt.	page 198
Temple de Janus, (le) Prol. v. l'Année galante,	212
Temple de la Gloire, (le) Bal. op.	207
Temple de l'Indifférence, (Celime ou le) Bal. op.	249
Temple de la Paix, Bal.	103
Temple de Mémoire, (le) Prol. v. Fêtes de Polimnie,	206
Temple des Chimeres, (le) Div.	253
Temple des Vertus, (le) Div.	124
Temps, (Bal. du)	68
Temps, (la Galanterie du) Maſc.	70
Tenans, (ent. des) Bal.	47
Terre, (la) ent. v. Arethuſe,	125
Terre, (la) ou Vertumne & Pomone, Acte, v. les Elémens,	163
Terre-Sainte, (Vers pour le Bal. du Roi, rep. les Chevaliers de la)	52
Thalie, (Fêtes de) Bal. op.	150
Thalie, (Critique des Fêtes de) Acte, v. Fêtes de Thalie,	ibid.
Theagenes & Chariclée, Trag. op.	115
Themire, (Azor &) Acte, v. Amuſemens lyriques,	230
Themire, (Silvandre &) Paſt.	221
Themiſtocles, Trag. op. v. Metaſtaſio,	234
Theobalde, M.	29
Theonoé, Trag. op.	153
Theſée, Trag. op.	89
Theſée, (les Mortels, ou Ariane &) Acte, v. l'Empire de l'Amour,	184
Thetis & Pelée, Trag. op.	109
Thetis, (les Fêtes de) Bal. op.	227
Thetis, (les Nôces de Pelée & de) Com. op.	69
Thisbé, (Pirame &) Trag. op.	170
Tibulle ou les Saturnales, Acte, v. Fêtes Grecques & Romaines,	166
Tirtée, (la Muſique ou) Acte, v. Fêtes d'Hebé,	195
Titans, (Jupiter Vainqueur des) Trag. op.	208
Titon & l'Aurore, Acte, v. les Fêtes de Thetis,	227
Titon & l'Aurore, Paſt.	238
Titus, Trag. op. v. Metaſtaſio,	234
Toilette de Vénus, (la) ou le Matin, Acte, v. la Journée galante,	229
Toiſon d'Or, (deſſeins de la)	75
Toiſon d'Or, (Jaſon ou la) Trag. op.	116
Toiſon d'Or, (Récits en Muſique dans le Bal. de la Conquête de la)	127
Toucher, (Proteſilas ou le) Acte, v. les Sens,	182

ALPHABETIQUE.

Tracollo, Médecin Ignorant, Intm. *page*	242
Tragédie, (les Muses ou la) ent. *v.* les Muses,	132
Travaux d'Hercule, (les) Bal. Hér.	179
Tribolet, P.	11
Trio Mazarinique, (Bal. dansé par le)	66
Triomphe de l'Amour, (le) op. ano.	86
Triomphe de l'Amour, (le) Bal. par Quinault,	96
Triomphe de l'Amour, (le) Id. par Morand,	179
⎧ Triomphe de l'Amour conjugal, (le) ou l'Histoire d'Admete & d'Alceste,	247
⎨ Application ou expression & caractères de ce Spectacle,	*ibid.*
Triomphe de l'Amour & de l'Hymen, Div.	176
Triomphe de l'Amour, (fragmens du)	110
Triomphe de l'Amour sur Bacchus, Acte, *v.* Fêtes Nouvelles,	186
Triomphe de Bacchus dans les Indes, (le) Masc.	79
Triomphe de la Beauté, (Bal. du)	64
Triomphe de la Beauté, (Daphnis & Cloé, ou le) Acte,	226
Triomphe de la Folie, ent. *v.* Fêtes Vénitiennes,	143
Triomphe de la Folie sur la Raison, Prol. *v. Idem.*	*ibid.*
Triomphe de la France, (le) Bal. op.	188
Triomphe de l'Harmonie, (le) Bal. op.	191
Triomphe de l'Hymen & de la Paix, *v.* Fête du Parnasse,	121
Triomphe de Vénus, ent. *v.* Fragmens de M. de Lully,	128
Triomphe des Arts, (le) Bal. op.	123
Triomphe des Mélophiletes, (le) Id.	169
Triomphes, (le Bal. des)	61
Triptoleme, (l'Eté ou) Acte, *v.* l'Année Galante,	212
Tristan, P.	3
Tritonides, (le Bal. des)	51
Tromperie, (Vers du Bal. de la)	57
Trophée, (le) Prol.	206
Trousse, (Vers pour M. de la) Bal.	41
Turc Généreux, (le) Acte, *v.* Indes Galantes,	187
Turquie, (la) ent. *v.* l'Europe Galante,	118

V

V*** (l'Abbé de)	25
Vallée de Misere, (Bal. de la)	61
Valois, (Nôces de Mademoiselle de) *v.* les Empressemens du Parnasse,	77

Vaporine, (la Fée) Div. v. Fêtes données à Forges, *page* 191
Vaiſſeur, (le) M. 38
Vaucluſe, (Divers Entretiens de la Fontaine de) Bal. 66
Veillée de Village, (la) Bal. op. v. Ragonde, 199
Vendange, (la) Acte, v. Plaiſirs de la Campagne, 159
Vendanges, (les) ou l'Amour enjoué, Acte, v. les Fêtes de Tempé, 237
Vendôme, (Bal. de Monſeigneur de) 46
Vendôme, (Deſſein du Bal. de Monſeigneur de) 49
Veniſe, (le Carnaval de) Bal. op. 122
Veniſe, (le Carnaval dans) Prol. v. Fêtes Vénitiennes, 143
Vénitienne, (la) Com. Bal. 135
Vents, (ent. des quatre) Bal. 47
Vénus, (les Amours de Mars & de) Bal. op. 147
Vénus, (la Ceinture de) Intm. v. Grandes Nuits de Sceaux, 138
Vénus & Adonis, Trag. op. 117
Vénus & Adonis, Acte, v. Amours des Déeſſes, 173
Vénus & Adonis, Acte, v. Fêtes de Paphos, 252
Vénus & la Diſcorde, ent. v. l'Europe Galante, 118
Vénus, (Mars &) ent. v. Triomphe de l'Amour, 96
Vénus, (la Naiſſance de) Trag. op. 117
Vénus, (Bal. Royal de la Naiſſance de) 79
Vénus, (la Toilette de) ou le Matin, Acte, v. la Journée Galante, 229
Vénus, (le Triomphe de) ent. v. Fragmens de M. de Lully, 128
Verds, (Vers divers ſur le Bal. des dix) 50
Verſailles, (Canal de) Div. 107
Verſailles, (Div. pour le retour du Roi à) *ibid.*
Verſailles, (les Div. de) 88
Verſailles, (Div. que le Roi a donné aux Reines dans le Parc de) Bal. 78
Verſailles, (l'Eglogue de) 82
Verſailles, (le grand Div. Royal de) *ibid.*
Verſailles, (la Grotte de) Eg. *ibid.*
Verſailles, (Relation de la Fête de) *ibid.*
Vertu, (la Paix entre la Beauté & la) op. v. Metaſtaſio, 234
Vertumne & Pomone, Acte, v. les Saiſons, 116
Vertumne & Pomone, (la Terre ou) Acte, v. les Elémens, 163
Vertumne & Pomone, Intm. v. Grandes Nuits de Sceaux, 138
Vertus, (le Temple des) Div. 124
Veuve, (la) Acte, v. Fêtes de Thalie, 150

Veuve

Veuve Coquette, (la) Acte, v. Idem.	ibid.
Vieille Cour (la) dansant pour les Triomphes de S. M. v. Bal. du Roi,	61
Vieillesse, (la) ou l'Amour joué, Acte, v. les Ages,	157
Village, (l'Amour au) Acte, v. Voyages de l'Amour,	189
Village, [les Bucherons, ou le Médecin de] Bal. Pant.	226
Village, [le Devin de] Bal. op.	236
Village, [Fête de] v. Fêtes données à Forges,	191
Village, [les Nôces de] Masc.	77
Village, [retour de l'Amour au] Acte, v. Voyages de l'Amour,	189
Village, [la veillée de] Bal. op. v. Ragonde,	199
Ville, [l'Amour à la] Acte, v. Voyages de l'Amour,	189
Ville, [les Divertissemens de la] v. Bal. des Plaisirs,	69
Villeneuve, M.	34
Villeneuve-Saint-George, [Bal. dansé à]	112
Vin de Saint-Martin, [Bal. des Demandeurs de]	65
Ulysse, Trag. op.	131
Ulysse & Circé, Acte, v. Fêtes Nouvelles,	186
Ulysse & Penelope, Acte, v. Peines & Plaisirs de l'Amour,	178
Union de la France & de l'Espagne, Prol.	128
Idem, avec des changemens,	135
Union, [l'] d'Hébé avec Minerve, Past. Hér.	243
Univers, [entrée des Chevaliers de l'] Bal.	48
Volleurs, [Vers pour le Bal. des]	56
Voltaire, P.	22
Volupté, (Récit de la) qui amene des Débauchés, v. Bal. de M. le Prince,	53
Voyage de Cythere, Past.	162
Voyages de l'Amour, (les) Bal. op.	189
Voyageurs, (les) Intm.	246
Urgande, Trag. Com.	94
Urgande, (le Palais d') Intm. v. Grandes Nuits de Sceaux,	138
Vûe, (l'Amour ou la) Acte, v. les Sens,	182
Wert, (Jean de) v. Com. jouée devant la Reine,	63

X. Z.

Xercès, Com. en Musique,	74
Zaide, Bal. op.	196
Zais, Bal. op.	216
Zelie, Bal. op.	222
Zelie, (Tarsis &) Trag. op.	171

TABLE ALPHABETIQUE.

Zelindor, Roi des Silphes, Bal. op. page 205
Zelindor & Ismene, (les Génies, ou) Acte, v. l'Empire
   de l'Amour, 184
Zelisca, Com. Bal. 210
Zeno, P. 25
Ses Œuvres Dramatiques, 253
Zénobie, Trag. op. v. Metastasio, 234
Zéphire & Flore, Acte, v. les Saisons, 116
Zéphire & Flore, (le Printems, ou) Acte, v. l'Année
   Galante, 212
Zéphire & Flore, Intm. v. Grandes Nuits de Sceaux, 138
Zéphire & Flore, op. 108
Zéphire, (le retour de) Div. 172
Zéphirs, (les) ent. v. Triomphe de l'Amour, 96
Zoroastre, Trag. op. par le Brun, 148
Zoroastre, Trag. op. par Cahusac, 225

FIN.

Le Lecteur est prié de corriger les fautes suivantes qui ont échappées à l'Imprimeur.

Page 3. ligne derniere, 626. lisez 1626.
p. 4. lig. 22. après passions, ajoutez 1648.
p. 21. lig. 16. Cahusac mort en 1749. lis. en 1759.
p. 24. lig. 4. edem, lis. idem.
p. 38. lig. 16. un des j ouvrages, lis. un des jolis ouvrages.
p. 40. lig. 20. Gnogmes, lis. Gnômes.
p. 49. après la ligne 17. ajoutez au milieu de la page 1613.
p. 50. lig. 9. après Ballet dansé, ajoutez à Rome.
p. 57. lig. 24. le 26 Février, lis. le 16.
Ibid. lig. 28. Pari, lis. Paris.
p. 58. lig. 2. après 1627. ajoutez in-8°.
p. 71. lig. 1. après à dix entrées, ajoutez un Prologue.
Ibid. lig. 3. 1675. lis. 1657.
p. 72. lig. 20. ce Ballet se trouve pag. 33. lis. pag. 83.
p. 86. après la lig. 17. ajoutez, les mêmes, voyez le premier volume du Recueil des Opera.
Ibid. lig. 20. le 13 Novembre, lis. le 15.
p. 90. lig. 2. ajouta, lis. on ajouta.
p. 98. lig. 20. composée, lis. Comédie.
p. 101. lig. 23. Novembre 1717. lis. 1727.
p. 109. lig. 13. le 6 Janvier, lis. le 5.
p. 114. lig. 6. après 1693. ajoutez in-8°.
p. 116. lig. 8. après Septembre, ajoutez 1707.
p. 118. lig. 22. le 14 1736. lis. le 14 Juin 1736.
p. 121. lig. 12. on y ajouta, lis. & y ajouta.
p. 123. lig. 9. musique de Lully, lis. de Destouches.
p. 128. lig. 8. après Phaëton, ajoutez le 12 Janvier.
p. 160. lig. 8. Ribou, 1720. lis. Ballard 1728.
p. 169. lig. dern. 1702. lis. 1726.
p. 174. lig. 24. drotts, lis. droits.
p. 186. lig. 17. 1705. lis. 1686.
p. 187. lig. 12. après trois Actes, ajoutez & un Prologue.
p. 190. lig. 24. au lieu de 24 Février, lis. 14 Février.
p. 191. lig. 19. 1675. lis. 1673.
p. 200. lig. 10. en trois Actes, lis. en cinq Actes.
Ibid. lig. 14. le 12 Mai, lis. le 22 Mai.
p. 202. lig. 6. sans Prologue, lis. & un Prologue.
p. 205. lig. 23. & du cinquième Acte, lis. & du troisiéme.
p. 206. lig. 5. le 27 Février, lis. le 21.

p. 209. lig. dern. *Arnaud*, lif. *Darnaud*.
p. 211. *lig.* 21. le 19 Août, *lif.* le 18.
p. 223. ligne pénultieme, *le quatrieme vol.* lif. *le troifieme.*
p. 224. *lig.* 19. *le quatrieme vol.* lif. *le troifieme.*
p. 235. *lig.* 17. le Roi Pêcheur, *lif.* Pafteur.
p. 236. *lig.* 18. effacez les mots fuivans, *l'Abbé Pellegrin y fit quelques changemens que Monteclair mit en mufique.*
p. 237. *lig.* 19. mis, *lif.* mife.
p. 248. ligne dern. le 26 Janvier, *lif.* Février.
p. 249. *lig.* 21. après feu M * * *, *ajoutez* (Chenevieres qui s'eft ainfi caché.)
p. 250. *lig.* 8. le 26 Décembre, *lif.* le 28.

Le Privilege fe trouvera avec celui du Livre intitulé : ESSAI SUR L'HISTOIRE ŒCONOMIQUE DES MERS OCCIDENTALES.

Le Relieur aura attention de placer les fix cartons des pages 53, 54, 125, 126, 119, 120, 159, 160, 189, 190, 191, 192.

www.ingramcontent.com/pod-product-compliance
Lightning Source LLC
Chambersburg PA
CBHW071244160426
43196CB00009B/1154